魏晋南北朝隋唐

武士形象

西方文化因素研究

吕千云　赵其旺　著

上海大学出版社

图书在版编目（CIP）数据

魏晋南北朝隋唐武士形象西方文化因素研究 / 吕千云，赵其旺著． -- 上海：上海大学出版社，2023.11
ISBN 978-7-5671-4851-2

Ⅰ．①魏… Ⅱ．①吕… ②赵… Ⅲ．①西方文化－影响－武士－人物形象－研究－中国－魏晋南北朝时代②西方文化－影响－武士－人物形象－研究－中国－隋唐时代 Ⅳ．① D691

中国国家版本馆 CIP 数据核字（2023）第 220999 号

本书受高水平地方高校建设计划上海美术学院项目经费资助

魏晋南北朝隋唐武士形象西方文化因素研究

吕千云 赵其旺 著

策　　划	农雪玲	
责任编辑	农雪玲	
书籍设计	缪炎栩	
技术编辑	金　鑫	钱宇坤

出 版 发 行　上海大学出版社出版发行
地　　　址　上海市上大路 99 号
邮 政 编 码　200444
网　　　址　www.shupress.cn
发 行 热 线　021-66135109
出 版 人　戴骏豪
印　　　刷　江苏凤凰数码印务有限公司
经　　　销　各地新华书店
开　　　本　787 mm×1092 mm　1/16
印　　　张　16
字　　　数　330 千
版　　　次　2023 年 12 月第 1 版
印　　　次　2023 年 12 月第 1 次
书　　　号　ISBN 978-7-5671-4851-2/D・256
定　　　价　78.00 元

目录

MULU

绪论

——

一、研究缘起与研究对象

（一）研究缘起

魏晋南北朝时期，中西交通之路大开，东西方文明交流碰撞，西方文化源源不断地输入中国，从汉代开始已经稳定下来的内陆、草原、海上丝绸之路在这时期得到继承和发展。南北政权的分裂导致南方倚重海上丝路，北方倚重内陆和草原丝路。北方地区在十六国时期，由于前秦和北魏早期对内陆丝路的控制，今东北地区的三燕政权不仅主要依靠草原丝路，可能还借助北方草原民族与西方进行交流。魏晋南北朝时期，不仅经河西走廊的内陆丝路路线继续沿用，经西宁、柴达木盆地西去的丝绸之路河南道，也扮演了较为重要的角色[1]。控制中亚的大月氏贵霜、嚈哒、柔然、突厥等政权，与西亚、南亚和中国的关系都很密切，商业利润、政治图谋和宗教热忱，推动大量的西方人士来到中国境内，从中国去西方的人士也是前后相继，将许多异域物品带回[2]。源于西方的帽冠、袍服、武备、织物纹样都开始出现于中国，为隋唐服饰制度形成奠定基础。这

---

1. 关于河南道的研究可参见陈良伟：《丝绸之路河南道》，中国社会科学出版社，2002 年；赵丰主编：《西海长云：6—8 世纪的丝绸之路青海道》，浙江大学出版社，2023 年；霍巍：《史前至唐代高原丝绸之路考古研究》，科学出版社，2023 年。
2. 韦正：《魏晋南北朝考古》，北京大学出版社，2013 年，第 529 页。关于魏晋南北朝时期中外交流可参见石云涛：《魏晋南北朝丝绸之路与对外关系史研究》，社会科学文献出版社，2023 年。

时期的武士形象也开始受到影响，出现一系列西方文化因素。

隋唐时期中西交流尤为繁盛。隋统一后，加强了与西域各国的联系与交往[1]。隋炀帝接连派遣李昱、韦节、杜行满等出使西域各国[2]。《隋书·食货》载：

> 又以西域多诸宝物，令裴矩往张掖，监诸商胡互市。啖之以利，劝令入朝，自是西域诸蕃，往来相继。[3]

隋炀帝经营西域的成果显著，引致贸易的国家达 27 个，中亚各国及波斯相继派遣使臣来中原。唐代继承并发展前朝的开放精神，经过贞观之治，政局稳定，国力昌盛，成为当时欧亚大陆文化、商贸中心。各国商人由陆路、水路往来贸易，足迹遍布大江南北并且大量留居中国，构成唐朝社会不可或缺的组成部分。隋唐社会胡风盛行，当时武士形象受西方影响较大，出现的西方文化因素更为多样。

随着考古出土材料不断积累，新发现带来新的思考，一些相关问题值得进行讨论。因此，对魏晋南北朝隋唐武士形象中的西方文化因素进行系统梳理、对比研究，分析其在中国及西方的发展演变过程，梳理其由西至东的传播过程、承载中介，并以此为基础，探讨当时中西文化交流之概况，以及文化传播背后的族群流动、宗教传播，具有一定意义。

（二）研究对象

本书所研究的武士形象中西交流文化因素种类包括 4 个方面：武士铠甲源流方面，如武士明光甲及中心束甲法、锁子甲、骑马武士俑缀摇叶服饰；武士武器源流方面，如武士所佩胡禄（圆筒箭箙）、弯韬（盛弓之袋）；武士帽冠

---

1. 参见余太山主编：《西域通史》，中州古籍出版社，2003 年，第 133—142 页。
2. 《隋书》卷八三《西域传》、卷四《炀帝纪》，中华书局，1973 年。
3. 《隋书》卷二四，中华书局，1973 年。

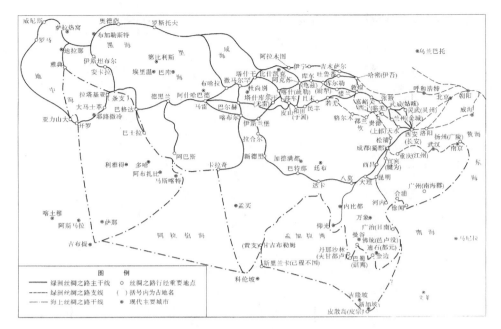

图绪论 –1　丝绸之路示意图 [1]

头饰源流方面，如武士兽头盔帽、武士朱雀冠、饰展翼冠；骑士翼马图像源流方面，如骑士搂马纹锦图像、骑士搏斗纹锦图像。本书所指的西方为广义西域，包括西亚（如波斯、东罗马）、中亚（如粟特故地）、印度及其属国，也包括今中国新疆地区（图绪论 –1）。

二、前人研究现状

（一）武士铠甲源流研究

北朝隋唐时期明光甲成为军中装备最多的铠甲类型。明光甲胸前所设圆形

---

1. 参考中国社会科学院考古研究所编：《中国考古学·秦汉卷》，中国社会科学出版社，2010 年，第 907 页。

金属护镜形制，与希腊、罗马胸甲系统有诸多相似之处。可在已有研究基础上，通过细节对比研究窥见中国明光甲形制与古希腊、古罗马铠甲的渊源。此外，中亚地区在胸甲系统向东传播过程中所起的作用也可进行探讨。中国古代在铠甲上束绑绦绳，这种绦绳即《新唐书》中记载的"螣蛇"，早期螣蛇束甲方式应为一字横缠法，不同于北朝后期及隋唐时常见的中心束甲法。使用中心束甲法的武士形象在中土文物中常见，而在波斯文物中亦出现相近似的束甲方式，二者的关系有待梳理。

锁子甲是源于西亚波斯的铠甲类型，汉末曹魏时期锁子甲曾出现于中原，当时只作为宝物。唐代雕塑所见锁子甲的源流，以及唐代锁子甲所受中亚粟特影响，都是值得研究的问题。还可通过搜集研究中亚粟特壁画及金银器所见穿锁子甲的武士及神像，探讨中亚地区也生产及使用锁子甲的概况。

关于缀摇叶服饰的源流，有学者指出源于西亚波斯。波斯缀摇叶服饰传至北齐太原，两地时间及空间跨度皆较大，其由西向东的传播过程值得深入研究。此外，中亚地区壁画所见缀摇叶服饰，有学者称之为心形花纹或者布料纹饰，然而缝缀的摇叶与布料的纹饰，二者应当为不同装饰方式。可进一步分析中亚缀摇叶服饰与中土服饰的关系。

（二）武士武器源流研究

北朝开始出现的圆筒形箭箙，即胡禄，到唐代已在军队中普及。有学者指出其形制源于西域，由新疆东传，有学者论证源自新疆龟兹。胡禄在波斯的起源、使用及其传播情况可再梳理。

弯韬是唐代使用的装弓之囊，与装箭之胡禄搭配使用。研究者指出弯韬与胡禄源自西域，由新疆经河西走廊而达中原，具体源于何处尚难判断。在波斯波利斯宫殿遗址浮雕石刻中，可见到腰挂装弓之器的持矛武士，形制与后期弯韬略有不同，但应即其源。胡禄起源于波斯，而与之搭配的弯韬也源于此地的可能性应很大，其传播过程值得研究。

（三）武士帽冠头饰源流研究

唐代武官鹖冠形制为冠前饰朱雀，可称为朱雀冠。头戴鸟形冠的人物形象，最早见于安息王朝的文物。波斯流行的鸟形冠，通过佛教传播首先传至于阗等西域绿洲诸国。于阗戴鸟形冠毗沙门天王形象进一步影响石窟寺中天王、力士造型，唐代戴朱雀冠镇墓天王造型直接受佛教天王形象影响，又融入中原四神之一的朱雀而改造形成。其传播情况以及对中原礼冠之影响，可在前辈学者研究基础上进行探讨。

唐代礼冠饰展翼的形制也源于波斯。展翼多装饰于武官朱雀冠两侧，亦有单独饰以展翼。冠饰双翼源于波斯，从萨珊式翼冠到唐代鹖冠之间，传播过程中以佛教艺术为中介。值得进一步研究的问题是粟特人在传播过程所起作用。

唐代武士所戴兽头盔帽，源于希腊神话中头戴狮头盔的赫拉克利斯。随着亚历山大大帝东征和罗马帝国在地中海东部的扩张，其形象传到中亚和中亚以东各地。中国国家博物馆藏北朝入华粟特人石堂，在四角高浮雕四尊武士像，其中即有戴狮（虎）头盔帽武士形象。这应是目前墓葬中出现最早一例，且刻于入华粟特人石葬具上。唐墓中出现戴狮、虎等兽头盔帽的武士形象，与粟特人信仰、习俗的关系可再讨论。

束发带是唐代女性用作系绑头发及装饰之物，形制为织物制成的窄长条覆于额上，两边各接细丝带系于脑后。研究者多称之为抹额，乃与武士所用红抹额并论。然其形制及束法，皆不同于抹额，而与入华胡人常用的束发带相同，二者应关系密切，尚值得系统对比研究。

（四）骑士翼马图像源流研究

唐代骑士翼马纹锦图像特点为骑士驾驭展开双翅的翼马。根据骑士行为姿态的区别，可以将其分为骑士搂马纹和骑士搏斗纹两种不同主题类型的图像。两种图像的源流也不尽相同，关于骑士搂马纹锦图像的起源与传播过程，目前尚未进行系统研究。骑士搏斗纹锦图像起源于波斯，学者已多有论述，但由波斯到中国之间的传播过程与传播媒介，以及来自中亚的粟特人所起的作用等问题，似皆尚有余意。

（五）小结

魏晋南北朝隋唐时期，武士形象出现较多西方文化因素。武士铠甲、武士武器、武士帽冠头饰、骑士翼马图像等方面，都受到西方影响，出现新的形制。其源流也各不相同，来自中亚、西亚、希腊等地的文化因素，因各种传播途径及交流动因影响中土武士形象。因此，可对出现的各类西方文化因素进行全面研究，梳理其在东西方使用情况及传播过程，尽可能排列出交流中从西到东的关键环节、途径和证据，并说明促成交流的动力和媒介。

锁子甲、胡禄、弯韬、中心束甲法，应是都起源于波斯。波斯武备也为粟特人所使用，且较早即东传至中国新疆地区，波斯与中国之间传播过程及承载中介，通过分析材料可略作补充。

朱雀冠、饰展翼冠都源自波斯，并出现在佛教天王、力士形象上，粟特人也使用，可梳理各类材料进而探讨传播过程。武士缀摇叶服饰首先在北齐出现，对比北齐及稍后北周的入华粟特人石葬具雕刻，结合中亚本土图像，可讨论粟特人武士形象对北朝影响程度。

骑士搂马纹锦图像的起源与传播过程可再系统研究。骑士搏斗纹锦图像起源于波斯，但由波斯到中国之间的传播过程与传播媒介都值得探讨。

建立在对武士形象西方文化因素系统研究的基础上，可较全面梳理出现西方因素的历史背景。魏晋时武士形象逐渐出现西方形制，到北魏则开始较多出现，北齐时已较为成熟，隋唐时达到顶峰，不同时代的发展皆有其特殊背景。粟特人的中介传播作用、佛教的传入都对中土产生影响，从中亦可窥见当时贸易往来、族群流动、宗教传播的概况。

三、研究方法、研究思路

本书的研究方法主要是通过墓葬及石窟寺壁画、陶俑、石线刻、各类雕塑等图像材料，以及相关出土实物，研究武士形象所见各类武器、铠甲、冠饰的形制，并进一步梳理其源流，综合文献资料进行探讨。

沈从文先生在《中国古代服饰研究》一书中总结了颇具启发的研究方法："试从常识出发，排比排比材料，采用一个以图像为主结合文献进行比较探索、综合分析的方法，得到些新的认识理解，根据它提出些新的问题。"书中还指出使用文物及文献研究服饰时应甄别材料，汉代以来各史虽多附有《舆服志》《仪卫志》《郊祀志》《五行志》，皆有涉及舆服的记载，但内容重点多限于上层统治者朝会、郊祀、宴享和官僚集团的朝服、官服，记载多辗转沿袭，未必见于实用。私人著述不下百十种，如《西京杂记》《古今注》《拾遗记》《酉阳杂俎》《事物纪原》等，又多近小说家言，或故神其说，或以意附会，难于落实征信。墓葬中出土陶、土、木、石、铜诸人形俑，时代虽十分明确，其真实性也只能相对而言。因社会习惯相承，经常有从政治角度出发，把前一王朝官吏作为新王朝仆从差役事。因此新的探讨，还值得多方面去求理解，才可得到应有的新认识[1]。确如沈从文先生所论，古文献中对服饰记载实多，正史记载多关于礼服，往往各朝代间相互沿袭；墓葬中出土俑类，有些由于模制而成且延续制作，所反映情况有一定滞后性，故应结合同时代壁画、石刻、服饰实物进行研究。

研究武士形象文化因素交流前，须对中西方相关文化、传统的异同点进行比较，形成宏观认识。李学勤先生在《比较考古学随笔》引言中以中原地区为核心区分了中国考古学比较研究的 5 个区次：中原地区各文化的比较研究、中原文化与边远地区文化的比较研究、中国文化与临近地区文化的比较、环太平洋诸文化的比较、各古代文明间的比较[2]。本书虽不属比较考古学，但也对比

---

1. 沈从文：《中国古代服饰研究》，上海书店出版社，1997 年，引言部分。
2. 李学勤：《比较考古学随笔》，广西师范大学出版社，1997 年。对比较考古学的方法论的总结，可参见周繁文：《比较考古学的方法论思考》，《文物》2012 年第 4 期。

中西武士形象异同，在方法论上多有参考。

　　古代文化交流的复杂性超出人们的想象，在研究具体遗物的产地和输入路线时，应充分考虑到各种可能性。何种物品是自域外输入，是中国本土仿造，还是移居中国的外来工匠制作，单纯依靠文献的推断、简单的器物形态比较，仍不够完善。考虑到古代文献记载的信息来源、古人的认知水平等因素，以及信息的不完整性，利用文献材料时应加以判断。就输入的途径而言，不能仅仅根据出土地点，就断言它们是经由陆路或海上传入[1]。

　　古代武士形象中西交流研究，也要在对比图像与文献的基础上，结合历史背景及辅助题材来探讨源流。邢义田先生指出要建立具有说服力的文化交流史，须满足两个条件：具体举出文化传播的过程和路线证据；说明是什么力量或媒介促成文化的传播。如果仅仅罗列类似物品、信仰、艺术造型或现象等等的时代先后，就说中国的源于西方，或者说西方的来自中国，难有较大的说服力。论中西文化交流，应尽可能排列出交流中从西到东或从东到西的关键环节、途径、证据，还应说明促成交流的动力和媒介[2]。在民族文化接触的过程里，服饰的流播和相互影响，是和其他的文化因素牵连在一起的[3]。在研究武士形象西方文化因素起源与传播时，也应进行综合探讨。

1. 中国社会科学院考古研究所编：《中国考古学·秦汉卷》，中国社会科学出版社，2010年，第929页。
2. 邢义田：《赫拉克利斯（Heracles）在东方：其形象在古代中亚、印度与中国造型艺术中的流播与变形》，载邢义田：《画为心声：画像石、画像砖与壁画》，中华书局，2012年，第459、511页。
3. 邢义田：《古代中国及欧亚文献、图像、与考古资料中的"胡人"外貌》，载邢义田：《画为心声：画像石、画像砖与壁画》，中华书局，2011年，第312页。

武士铠甲
源流
研究

武备是格斗武器和防护装具的统称，内涵比武器宽泛些[1]。魏晋南北朝隋唐时期武士形象所见的格斗或争战之用的武器，常见者有箭囊、装弓的弯韬、长刀、戟等。而武士铠甲属于防护装具，常见的有鱼鳞甲、明光甲、锁子甲、两裆甲等。魏晋南北朝隋唐时期武备系统受到西方影响而发生不小的变化。其中来自波斯的影响最大，如锁子甲、胡禄、束甲绦绳（螣蛇）中心束甲法等皆源于波斯。粟特人起到传播中介作用，源自波斯或希腊罗马的武备系统往往经粟特人使用并传播至中国。

第一节　明光甲及中心束甲法

一、明光甲源流

　　明光甲的特征是在胸前左右各设一圆形的胸护，这种大型金属圆护很像镜子，在战场上，圆护反照太阳光即发"明光"，正如汉代镜铭中常见的"见日之光，天下大明"，故称之为明光甲或明光铠[2]。

---

1. 孙机：《中国古代物质文化》，中华书局，2014 年，第 351 页。
2. 杨泓、李力：《中国古兵二十讲》，生活·读书·新知三联书店，2013 年，第 176 页。

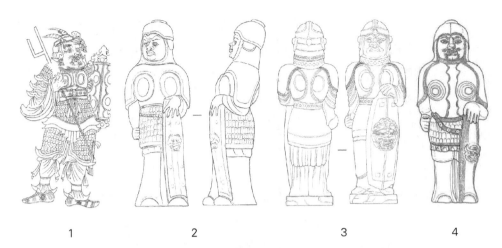

图 1-1-1 北朝石线刻及陶俑所见穿明光甲武士形象

1.河南洛阳北魏宁懋石室线刻武士　2.山西太原北齐娄睿墓陶俑　3.河北磁县湾张北朝墓陶俑
4.山西太原北齐赵信墓陶俑

曹植《先帝赐臣铠表》记：

> 先帝赐臣铠，黑光、明光各一具，两裆铠一领，环锁铠一领，马铠一领，
> 今世以昇平，兵革无事，乞悉以付铠曹。[1]

其所列的黑光、明光、两裆等铠甲，都是汉末曹魏时较稀有的铠甲，反映出当时铠甲形貌的变化。经过两晋到南北朝，两裆甲、明光甲先后成为最流行的铠甲类型。南北朝时期，先是流行两裆甲，到了北朝晚期，明光甲又逐渐取代两裆甲，成为军中装备最多的铠甲[2]。

北朝墓葬出土的石线刻、陶俑多见穿明光甲武士形象。如河南洛阳北魏宁懋石室线刻持戟戴羽冠武士（图 1-1-1，1）[3]，甲胄的胸前部位已有较大的金

---

1. 李昉等：《太平御览》卷三五六《兵部》"甲下"条，中华书局，1963年，第1636页。
2. 杨泓、李力：《中国古兵二十讲》，生活·读书·新知三联书店，2013年，第176—180页。
3. 沈从文：《南北朝宁懋石室石刻武卫和贵族》，载沈从文：《中国古代服饰研究》，上海书店出版社，1997年。

属圆护，应就是文献所记载的明光甲。河北磁县东陈村东魏墓[1]、山西太原北齐娄睿墓[2]（图1-1-1，2）、河北磁县湾张北朝墓[3]（图1-1-1，3）、山西太原北齐赵信墓[4]（图1-1-1，4）等北朝墓葬都出土了穿明光甲的镇墓武士俑。隋唐壁画、陶俑中穿明光甲的武士形象更为常见[5]。

北朝晚期日益流行的明光甲，到隋唐时期一直是军中最主要的铠甲类型，《唐六典》列出的甲制有13种，其中第一种就是明光甲：

> 甲之制十有三，一曰明光甲，二曰光要甲，三曰细鳞甲，四曰山纹甲，五曰乌鎚甲，六曰白布甲，七曰皂绢甲，八曰布背甲，九曰步兵甲，十曰皮甲，十有一曰木甲，十有二曰锁子甲，十有三曰马甲。[6]

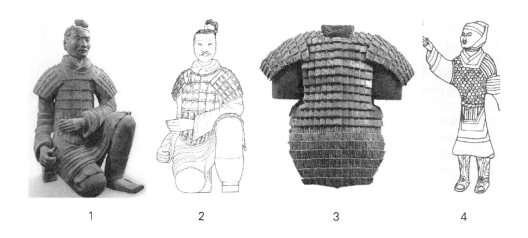

1   2   3   4

1. 磁县文化馆：《河北磁县东陈村东魏墓》，《考古》1997年第6期。
2. 山西省考古研究所等：《北齐东安王娄睿墓》，文物出版社，2006年，第87页。
3. 河北省文物研究所等编：《磁县湾张北朝壁画墓》，科学出版社，2003年，第35页。
4. 山西省考古研究所等：《山西太原开化墓群2012—2013年发掘简报》，《文物》2015年第12期。
5. 杨泓：《中国古代的甲胄》，载杨泓：《杨泓文集·古代兵器（上册）》，文物出版社，2021年。唐代多用明光甲，而且在胸甲上增益纹饰，将束甲的缘绳也加以美化，肩上有披膊，腰下垂鹘尾、膝裙。参见孙机：《中国古代物质文化》，中华书局，2014年，第386页。
6.《唐六典》卷一六，陈仲夫点校，中华书局，1992年，第463页。

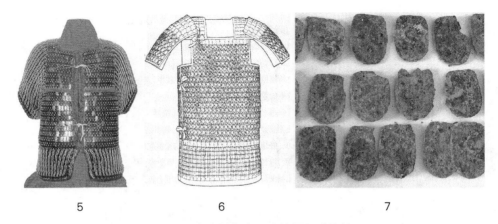

5   6   7

图 1-1-2 秦汉时期由甲片编缀而成的铠甲

1、2. 陕西临潼秦始皇陵兵马俑坑出土跪射俑及线图　3. 陕西临潼秦始皇陵 K9801 陪葬坑出土石甲
4. 陕西咸阳杨家湾西汉墓陶俑 5. 河北满城西汉中山靖王刘胜墓出土铁铠甲复原 6. 山东淄博西汉墓
出土铁鱼鳞甲 7. 河南安阳西高穴曹操高陵出土铁甲残片

  中国古代铠甲一直沿袭以甲片编缀成甲的传统（图 1-1-2）。杨泓先生指出，
西周时期已经出现以青铜甲片编缀的铠甲。到东周时期，已从墓葬发掘出较多
皮质甲胄实物。这些先秦的皮甲胄都是先将皮革裁制成各式甲片，然后用丝带
编缀成整领铠甲。战国晚期，已出现铁质铠甲。秦的铠甲承袭先秦时期甲胄传
统而有所改进，用皮革或铁质甲片编缀而成。西汉铠甲的甲片形制、整领铠甲
结构都承秦制 [1]。

  在出土文物方面，陕西临潼秦始皇陵兵马俑坑出土跪射俑（图 1-1-2，1、2）、
陕西临潼秦始皇陵 K9801 陪葬坑出土石甲 [2]（图 1-1-2，3）、陕西咸阳杨家湾
西汉墓陶俑 [3]（图 1-1-2，4）、河北满城西汉中山靖王刘胜墓出土铁铠甲 [4]（图

<hr>

1. 杨泓：《古代东方和西方的铠甲系统：参观 "秦汉—罗马展" 札记》，《文物》2010 年第 3 期。
亦可参见杨泓：《杨泓文集・古代兵器（下册）》，文物出版社，2021 年。
2. 国家文物局国家文物鉴定委员会：《文物藏品定级标准图例・兵器卷》，文物出版社，2011 年，
图 107。
3. 孙机：《汉代物质文化资料图说（增订本）》，上海古籍出版社，2012 年，第 172 页。
4. 中国社会科学院考古研究所等：《满城汉墓发掘报告》，文物出版社，1980 年。图采自中国社会
科学院考古研究所等编：《考古中华：中国社会科学院考古研究所成立六十年成果展》，科学出版社，
2012 年，第 194 页。

1-1-2，5）、山东淄博西汉墓出土铁鱼鳞甲[1]（图 1-1-2，6）、河南安阳西高穴曹操高陵出土铁甲残片[2]（图 1-1-2，7），都是甲片编缀成甲的例证。近年发掘的甘肃武威唐代吐谷浑王族慕容智墓[3]，还出土了一套完整的由铁片编缀而成的铁甲胄（图 1-1-3）。可见甲片编缀成甲的传统延续时间较长。

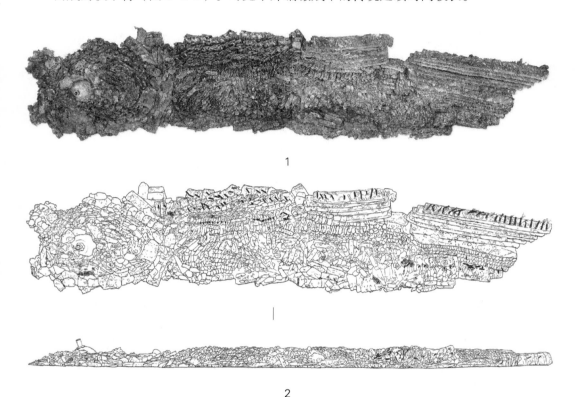

1

2

图 1-1-3 甘肃武威唐代吐谷浑王族慕容智墓出土铁甲胄及线图

1. 山东省淄博市博物馆等：《西汉齐王铁甲胄的复原》，《考古》1987 年第 11 期。
2. 河南省文物考古研究院编：《曹操高陵》，中国社会科学出版社，2019 年；唐际根：《此处葬曹操》，中信出版集团，2023 年。
3. 甘肃省文物考古研究所等：《甘肃武周时期吐谷浑喜王慕容智墓发掘简报》，《考古与文物》2021 年第 2 期；甘肃省文物考古研究所编：《王国的背影：吐谷浑慕容智墓出土文物》，文物出版社，2022 年，第 124—125 页。

明光甲的特征是在胸前拥有大型金属圆护，与由细小甲片编缀而成的甲胄属于不同铠甲制作系统。明光甲圆形金属护镜的形制，应是起源于古希腊、古罗马的铠甲系统。从古希腊到中土之间，时间、空间跨度较大，其传播过程值得进一步研究。

由大型金属整片制作成甲，是古希腊、古罗马常见的形制，出土铠甲实物及雕塑所见甲胄都可作为例证。例如古希腊胸甲实物由青铜铸造成片，并做出3个圆形胸镜（图1-1-4，1）；古罗马萨莫奈特胸甲做出圆形胸镜，下边则为人头像（图1-1-4，2）；叙利亚境内古罗马石刻军人像，胸甲也做出多个圆形胸镜，饰以人头像[1]（图1-1-5，5），古罗马百夫长雕像胸甲与此相似[2]（图1-1-5，1）。此外，古罗马奥古斯都像的铠甲由两块胸甲在肩部扣合而组成[3]（图1-1-5，2）。在希腊弗吉尼亚约公元前350年墓葬出土的铁铠甲，也是由胸甲在肩部扣合成甲[4]（图1-1-4，4）。此类铠甲还可见于1世纪上半叶的穿铠甲

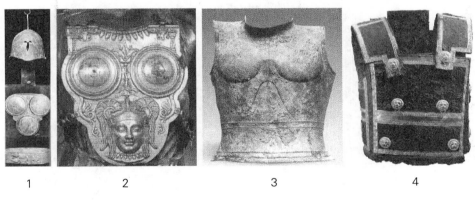

1　　　　　2　　　　　　　3　　　　　　　4

图1-1-4 古希腊、古罗马胸甲实物

1.古希腊青铜胸甲 2.古罗马萨莫奈特胸甲 3.古希腊早期骑士胸甲 4.希腊弗吉尼亚墓葬出土铁铠甲（约公元前350年）

---

1. 魏兵：《中国兵器甲胄图典》，中华书局，2011年，第98—112页。
2. 该雕塑参照马库斯留斯墓牌上的浮雕复原，墓内埋葬的是在条顿森林战役中牺牲的罗马第18兵团的百夫长。百夫长身穿的是整片的皮质胸甲，上面缀有5枚圆形的金属奖章。
3. 邵大箴：《古代希腊罗马美术》，中国人民大学出版社，2010年，第227页。
4. [美]德布拉·斯凯尔顿、帕梅拉·戴尔：《亚历山大帝国》，郭子林译，商务印书馆，2015年，第35页。

图 1-1-5 古希腊、古罗马雕塑及马赛克地画所见胸甲

1.古罗马百夫长雕像 2.古罗马奥古斯都像（公元前 20 年）3.穿铠甲的尤利乌 - 克劳狄雕像（1 世纪上半叶）4.图拉真统治时期军团人物复原（以图拉真柱浮雕为基础复原）5.叙利亚境内古罗马石刻军人像 6.马其顿亚历山大大帝像（马赛克地画局部）

的尤利乌 - 克劳狄雕像（图 1-1-5，3）、图拉真统治时期军团人物形象[1]（图 1-1-5，4）、马其顿亚历山大大帝像[2]（图 1-1-5，6），等等。

上述古罗马高级将领及贵族铠甲为装饰华美的整片胸甲，双乳部位浮凸，自肩部遮护到腹部，在胸甲上部多数凸饰有女怪美杜莎的正面图像。凸出双乳的整片胸甲，应是承袭了古希腊铠甲系统发展而成。古希腊早期骑士胸甲实物（图 1-1-4，3）是用铜制成的整片胸甲，可以遮护战士从颈到腰部的整个前胸，并且在甲上浮出双乳及其下肋部[3]，虽未做出圆形护胸镜，但在胸部凸出两块胸肌形状。汉地明光甲的形制应源于古希腊、古罗马铠甲系统。

由河南安阳隋初大住圣窟窟门外迦毗罗神王像[4]（图 1-1-6，1、2）上可见，明光甲护镜形制为 3 个圆形护镜，皆作人面像。甘肃敦煌藏经洞所出开运四年（947 年，即五代后汉天福元年）纸本版画大圣毗沙门天王像（图 1-1-6，3）上，明光甲胸两个圆形胸护也为人面像。此特征与古希腊、古罗马铠甲有相同装饰传统。这种人面像即美杜莎的头像，在赫拉克利斯的第十一个任务中，他曾在冥府大战女妖美杜莎，发现美杜莎只是一个虚幻的影子。据希腊神话，凡直视美杜莎者会化为石头，女神雅典娜曾用她的头像装饰自己的盾牌。亚历山大则将美杜莎头像装饰在自己的胸甲上。佛教毗沙门天王的铠甲上也出现了美杜莎头像[5]。

由此细微特征，也可管窥中国明光甲形制源与古希腊、古罗马铠甲之间的渊源。此外，明光甲由西向东传播，应当与中亚地区的使用与东传关系密切。希腊罗马胸甲系统最初传至中亚粟特地区、中国新疆地区，然后再进一步向东

---

1. 古罗马雕塑参见中国国家文物局、意大利文化遗产与艺术活动部编：《秦汉—罗马文明展》，文物出版社，2009 年；[英] 马克·D. 富勒顿：《罗马世界的艺术与考古》，郭佳好译，华中科技大学出版社，2020 年。

2. [法] 科妮莉亚·桑塔格编：《大师肖像》，张艾嘉译，江苏凤凰科学技术出版社，2018 年，第 52 页。

3. 杨泓：《古代东方和西方的铠甲系统：参观"秦汉—罗马展"札记》，《文物》2010 年第 3 期。

4. 河南省古代建筑保护研究所：《宝山灵泉寺》，河南人民出版社，1991 年，图二八；韦正：《魏晋南北朝考古》，北京大学出版社，2013 年，第 463 页；李裕群：《中国石窟寺》，科学出版社，2022 年，第 278 页。

5. 邢义田：《画为心声：画像石、画像砖与壁画》，中华书局，2012 年，第 502—503 页，敦煌所出版画毗沙门天王像采自第 507 页。

图 1-1-6 隋唐时期天王像

1、2. 河南安阳大住圣窟（隋初）窟门外立面迦毗罗神王像及局部明光甲图　3. 甘肃敦煌藏经洞所出
开运四年（947）纸本版画大圣毗沙门天王像

传播。中亚片治肯特古城出土的粟特壁画，即绘有穿明光甲手握三叉戟的风神
形象[1]（图 1-1-7，1、2），还有身穿明光甲、头颈套锁子甲的粟特武士形象[2]
（图 1-1-7，3）。此外，在 4 世纪末 5 世纪初的克孜尔石窟第 175 窟主室正
壁上的壁画[3]（图 1-1-13，2），也已可见穿明光甲的武士图像。

1.［日］田边胜美、前田耕作编：《世界美术大全集·中亚卷（东洋编 15）》，小学馆，1999 年，
第 210 页；线图采自荣新江：《佛像还是祆神》，载荣新江：《丝绸之路与东西文化交流》，北京
大学出版社，2015 年，第 325 页。

2. A. M. Belenitskii, B. I. Marshak , and Mark J. Dresden, *Sogdian Painting*, University of California
Press, 1981, p. 106.

3. 新疆维吾尔自治区文物管理委员会等编：《中国石窟·克孜尔石窟（第三卷）》，文物出版社，1997 年，
图 18。

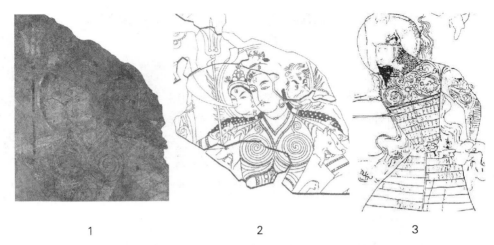

图 1-1-7 中亚片治肯特粟特壁画所见明光甲图像

1、2. 手握三叉戟的风神形象及线图（8 世纪初） 3. 穿明光甲粟特武士形象

二、束甲绦绳（螣蛇）中心束甲法源流

中国古代在甲胄之外束绑绦绳，以起到加固或者区分等级的功用。这种束绑绦绳即《新唐书》中所记载的"螣蛇"[1]。《新唐书·车服志》载：

> 平巾帻者，武官、卫官公事之服也。金饰，五品以上兼用玉，大口绔，乌皮靴，白练裙、襦，起梁带。陪大仗，有两裆、螣蛇。朝集从事、州县佐史、岳渎祝史、外州品子、庶民任掌事者服之，有绯褶、大口绔，紫附褠。文武官骑马服之，则去两裆、螣蛇……两裆之制：一当胸，一当背，短袖覆膊。螣蛇之制：以锦为表，长八尺，中实以绵，象蛇形。[2]

可知唐代两裆、螣蛇相搭配使用，也作为区分等级的标志。螣蛇是用织锦填充丝绵制成的绳子，长度为八尺，形状近似蛇。

---

1. 孙机：《两唐书舆（车）服志校释稿》，载孙机：《中国古舆服论丛（增订本）》，文物出版社，2001 年。
2. 《新唐书》卷二四《车服志》，中华书局，1975 年。

《隋书·礼仪志三》记载隋炀帝征伐高丽时骑兵的建制和装备：

> 每军，大将、亚将各一人。骑兵四十队，队百人置一纛。十队为团，团有偏将一人。第一团，皆青丝连明光甲、铁具装、青缨拂，建狻猊旗。第二团，绛丝连朱犀甲、兽文具装、赤缨拂，建貔貅旗。第三团，白丝连明光甲、铁具装、素缨拂，建辟邪旗。第四团，乌丝连玄犀甲、兽文具装、缁缨拂，建六驳旗。[1]

描绘出隋军重装骑兵即甲骑具装的面貌，军队用不同颜色丝绳束绑明光甲、朱犀甲、玄犀甲等铠甲，作为区分军队建制中不同"团"的标志之一。其中穿明光甲系束甲绦绳的武士形象，在北朝隋唐出土的武士俑及天王俑中常见。河北吴桥北朝墓[2]（图 1–1–8，1）、陕西西安北周张政墓[3]（图 1–1–8，2）、河南安阳隋代张盛墓[4]（图 1–1–8，3）、甘肃庆城唐代穆泰墓[5]（图 1–1–8，4）、陕西西安唐代李爽墓[6]（图 1–1–8，5）、河南洛阳关林唐墓[7]（图 1–1–8，6）、陕西华阴市唐代宋素墓[8]（图 1–1–8，7）、陕西西安独孤君妻元氏墓[9]（图 1–1–8，8）、新疆吐鲁番阿斯塔那唐代张雄墓[10]（图 1–1–8，9、10）、陕西西安唐代阎识微夫妇墓[11]（图 1–1–8，11）等北朝隋唐墓葬，皆有出土身穿明光甲、甲外再系束甲绦绳（螣蛇）的武士形象。

1. 《隋书》卷八《礼仪志》，中华书局，1973年。
2. 河北省沧州地区文化馆：《河北省吴桥四座北朝墓葬》，《文物》1984年第9期。
3. 国家文物局主编：《2012中国重要考古发现》，文物出版社，2013年，第123页。
4. 考古研究所安阳发掘队：《安阳隋张盛墓发掘记》，《考古》1959年第10期。
5. 甘肃文物局编：《甘肃文物菁华》，文物出版社，2006年，第46页。
6. 陕西省文物管理委员会：《西安羊头镇唐李爽墓的发掘》，《文物》1959年第3期。
7. 洛阳市文物工作队：《洛阳关林唐墓发掘报告》，《考古学报》2008年第4期。
8. 陕西省考古研究院等：《陕西华阴市唐宋素墓发掘简报》，《考古与文物》2018年第3期。
9. 沈从文：《中国古代服饰研究》，上海书店出版社，1997年，第286页。
10. 新疆维吾尔自治区博物馆等：《1973年吐鲁番阿斯塔那古墓群发掘简报》，《文物》1975年第7期。彩图采自新疆维吾尔自治区文物局等编：《天山古道东西风：新疆丝绸之路文物特辑》，第324—325页。
11. 西安市文物保护考古研究院：《西安马家沟唐太州司马阎识微夫妇墓发掘简报》，《文物》2014年第10期。

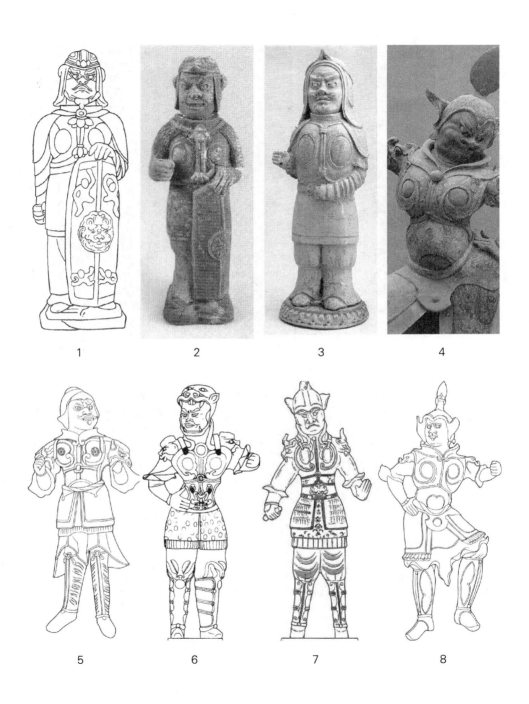

1　　　　　　　2　　　　　　　3　　　　　　　4

5　　　　　　　6　　　　　　　7　　　　　　　8

 武士铠甲源流研究

9　　　　　　　　　10　　　　　　　　　11

图 1-1-8　北朝隋唐墓出土镇墓武士俑、天王俑

1. 河北吴桥北朝墓 2. 陕西西安北周张政墓 3. 河南安阳隋代张盛墓 4. 甘肃庆城唐代穆泰墓 5. 陕西西安唐代李爽墓 6. 河南洛阳关林唐墓 7. 陕西华阴市唐代宋素墓 8. 陕西西安唐代独孤君妻元氏墓 9、10. 新疆吐鲁番阿斯塔那唐代张雄墓 11. 陕西西安唐代阎识微夫妇墓

　　北魏至唐，束甲绦绳的系绑方式多是中心束甲法：在胸口直接打一结，然后再将绦绳分成三股，一股向上、两股向后进行束绑（图 1-1-8；图 1-1-9，1、2）；或者用圆环作为中心，将绦绳穿过圆环进行束甲。关于臈蛇的系结方式，孙机先生指出臈蛇存在不同的束法：

　　　　自北魏以来，武士胸前的臈蛇多缠成工字形，而武昌通相门 52 号隋墓出土之两裆俑（图 1-1-9，4），臈蛇作一字横缠，早期臈蛇的系结法，或与之相仿佛。[1]

<hr />

1. 孙机：《中国古舆服论丛（增订本）》，文物出版社，2001 年，第 344—345 页。

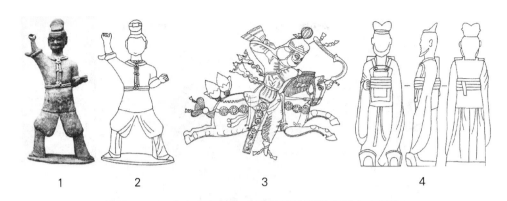

图 1-1-9 中心束甲法、一字横缠法两种束甲方式对比

1、2.北魏陶俑及线图 11 3.萨珊波斯沙普尔二世（309—379）银盘局部线图 4.湖北武昌通相门 52 号隋墓陶俑

　　两种束绑方式的确存在区别，虽然隋朝陶俑仅此例为一字横缠，早期螣蛇系法应与此相似。武昌通相门 52 号隋墓该俑所穿为两裆甲，和北朝后期及隋唐时常见的、与中心束绑螣蛇相搭配的明光甲不同，应也是一字横缠法为传统束甲方式之佐证。

　　可略作补充的是，隋代之后一字横缠法仍延续使用，至明代武士形象上依然能见到以此法系甲。广东深圳博物馆藏唐墓出土天王俑[1]（图 1-1-10，1）、唐代石刻天王像（图 1-1-10，2、3）、开运四年（947）纸本版画大圣毗沙门天王像（图 1-1-10，4）、河北曲阳五代王处直墓出土石刻[2]（图 1-1-10，5）、重庆大足石窟五代时期石刻天王像[3]（图 1-1-10，6）、甘肃敦煌藏经洞所出毗沙门天王像纸本画[4]（图 1-1-10，7）、宋代墓葬出土石刻（图 1-1-10，8）、北京明十三陵神道武官石像生[5]（图 1-1-10，9）都可见到。这些武士形象的

1. 深圳博物馆编：《大善之美：深圳博物馆藏社会捐赠文物集萃》，文物出版社，2010 年。
2. 河北省文物研究所、保定市文物管理处：《五代王处直墓》，文物出版社，1998 年。
3. ［日］小川裕充、弓场纪知编：《世界美术大全集·五代北宋辽西夏卷》（东洋编 5），小学馆，1998 年。
4. 沙武田：《榆林窟第 25 窟：敦煌图像中的唐蕃关系》，商务印书馆，2016 年，图 6—8；沙武田：《归义军时期敦煌石窟考古研究》，甘肃教育出版社，2017 年，第 337 页。
5. 杨泓、金维诺：《中国美术全集·墓葬及其他雕塑》，黄山书社，2010 年。

甲胄虽形制不同，但甲胄之外的螣蛇都是用一字横缠法进行束绑，与前述隋代武士两裆甲外束绑螣蛇一脉相承，此束绑法在武士形象上延续的时间较长。

1　　　　　　　　2　　　　　　　　3

4　　　　　　　　5　　　　　　　　6

7　　　　　　　　　　　　8　　　　　　　　　9

图 1-1-10 使用一字横缠法束绑甲胄的武士形象

1.广东深圳博物馆藏唐墓出土天王俑　2、3.唐代石刻天王像　4.甘肃敦煌藏经洞所出开运四年（947）纸本版画大圣毗沙门天王像　5.河北曲阳五代王处直墓出土石刻　6.重庆大足石窟五代时期石刻天王像　7.甘肃敦煌藏经洞所出毗沙门天王像纸本画　8.宋代墓葬出土石刻　9.北京明十三陵神道武官石像生

　　北魏开始出现的中心束甲方式，与萨珊波斯文物所见束绑甲胄的方式很相似（图 1-1-9，3），两者之间的关系及其传播演变过程，皆是值得探讨的问题。笔者以为北朝隋唐武士形象束甲方式的变化，应是缘于外来文化的影响。

　　萨珊波斯沙普尔二世（309—379 在位）诸多银盘（图 1-1-11；图 1-1-12）上的帝王搏斗、狩猎图像，皆可以清楚看到波斯式的甲胄中心束绑方式：或为直接中心打结，或者系于圆环构件，再由此向上下及两边系绑。如阿富汗或土库曼斯坦出土银盘[1]（图 1-1-11，1、2）、俄罗斯艾米塔什博物馆藏银盘[2]（图

<hr />

1.［日］田边胜美、前田耕作编：《世界美术大全集·中亚卷（东洋编 15）》，小学馆，1999 年，图 162。

2. 罗世平、齐东方：《波斯和伊斯兰美术》，中国人民大学出版社，2010 年，第 83 页。

图 1-1-11 萨珊波斯沙普尔二世（309—379）银盘所见中心束甲法

1、2.阿富汗或土库曼斯坦出土银盘及局部 3、4.俄罗斯艾米塔什博物馆藏银盘及局部 5、6.美国弗利尔美术馆藏银盘及局部

1-1-11，3、4）、美国弗利尔美术馆藏银盘[1]（图 1-1-11，5、6）所见帝王的甲胄的胸前部位都是如此。

此外，美国纽约大都会博物馆藏 5 世纪末卑路斯一世银盘[2]（图 1-1-12，1、2）、美国纽约大都会博物馆藏 5—6 世纪伊朗北部出土银盘[3]（图 1-1-12，3、

1.［日］田边胜美、松岛英子编：《世界美术大全集·西亚卷（东洋编16）》，小学馆，1999年，图 281。

2.［日］田边胜美、松岛英子编：《世界美术大全集·西亚卷（东洋编16）》，小学馆，1999年，图 283。

3.［伊朗］哈比比安拉·阿亚图拉希：《伊朗艺术史》，王泽壮译，湖南美术出版社，2023年，第174页。

4）、俄罗斯艾米塔什博物馆藏 7—8 世纪银盘[1]（图 1-1-12，5、6）等萨珊波斯各时期的银盘，也都出现相似的中心束甲方式。

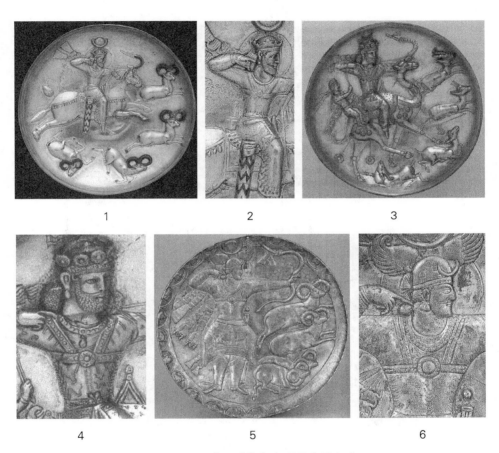

图 1-1-12 萨珊波斯银盘所见束甲方式

1、2. 美国纽约大都会博物馆藏 5 世纪末卑路斯一世银盘及局部 3、4. 美国纽约大都会博物馆藏伊朗北部出土 5—6 世纪银盘及局部 5、6. 俄罗斯艾米塔什博物馆藏 7—8 世纪银盘及局部

1.［日］田边胜美、松岛英子编：《世界美术大全集·西亚卷（东洋编 16）》，小学馆，1999 年，图 285。

前文北魏陶俑所见螣蛇中心束绑方式（图1-1-9，1、2），已经与萨珊波斯的形制相近似。应当是受到源自波斯并且向东传播到中土的文化因素的影响，出现了与传统螣蛇一字横缠束甲方式不同的形制，武士形象开始出现波斯式的中心束甲法。

中心束甲法较早就已传播至新疆地区，克孜尔石窟第175窟壁画[1]（图1-1-13，1、2）、库木吐喇第23窟八王分舍利图[2]（图1-1-13，3、4）所见武士，甲胄的胸前部位都使用这种束甲方式，这些武士形象整体呈现出萨珊波斯的武士图像风格。

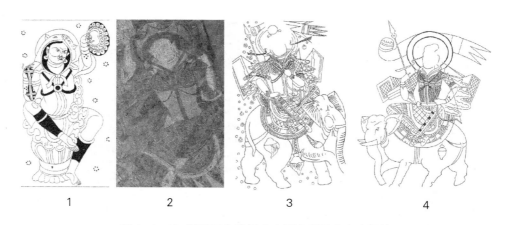

图1-1-13 新疆石窟壁画武士形象所见中心束甲法
1、2.克孜尔石窟第175窟（4世纪末5世纪初） 3、4.库木吐喇第23窟八王分舍利图

值得注意的是，在北朝入华粟特人的石葬具、墓室石门的图像上，可以看到骑马狩猎、骑马出行、持三叉戟武士形象的铠甲或衣袍都使用中心束绑方式。陕西西安北周史君墓石椁[3]（图1-1-14，1、2）、日本美秀博物馆藏北齐

---

1. 新疆维吾尔自治区文物管理委员会等编：《中国石窟·克孜尔石窟（第三卷）》，文物出版社，1997年，图17、18。
2. 扬之水：《象舆》，载扬之水：《曾有西风半点香：敦煌艺术名物丛考》，生活·读书·新知三联书店，2012年。
3. 西安市文物保护考古研究院编：《北周史君墓》，文物出版社，2014年，第110页。

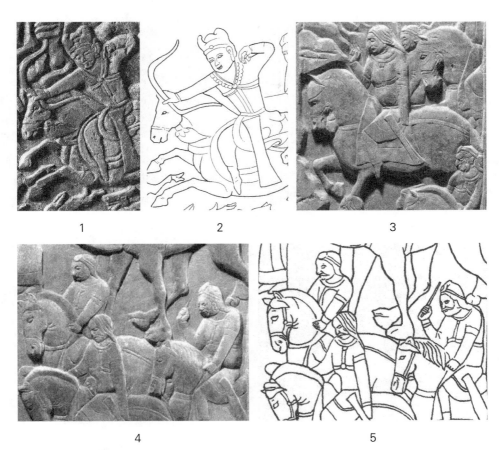

1　　　　　　　　　2　　　　　　　　　3

4　　　　　　　　　　　5

6　　　　　7

图 1-1-14 北朝入华粟特人石葬具及墓室石门图像所见中心束甲法

1、2.陕西西安北周史君墓石椁图像及线图　3、4、5、6.日本美秀博物馆藏北齐石榻图像及线图　7.陕西靖边县北周翟曹明墓石门持三叉戟武士像

石榻[1]（图 1-1-14，3、4、5、6）、陕西靖边县北周翟曹明墓石门[2]（图 1-1-14，7）所刻武士形象的胸前，都出现了波斯式的中心束甲法。这些粟特人墓葬出土的狩猎图像风格、展翼冠或日月冠形制、腰间胡禄的形制等细节，也都呈现出萨珊波斯的文化因素影响。由此可推论，粟特人也使用了波斯的这种束甲方式，并将其向东传播，中国武士形象应是受粟特人直接影响。

综上所述，明光甲胸前所设圆形金属护镜形制，源于古希腊、古罗马铠甲系统。其传播应与中亚地区的使用与东传关系密切，胸甲系统最初传至中国新疆地区然后再向东传播。早期螣蛇束甲方式应为一字横缠法，与北朝后期及隋唐时常见的中心束甲法不同。中国中心束甲法受萨珊波斯影响，波斯式束甲法由粟特人作为中介，较早传播至中国新疆地区，再向东传播至中原地区。

---

1. 荣新江：《Miho 美术馆粟特石棺屏风的图像及其组合》，载中山大学艺术史研究中心编：《艺术史研究（第 4 辑）》，中山大学出版社，2008 年。线图采自郑岩：《魏晋南北朝壁画墓研究（增订版）》，文物出版社，2016 年，第 244 页。
2. 罗丰、荣新江：《北周西国胡人翟曹明墓志及墓葬遗物》，载荣新江、罗丰主编：《粟特人在中国：考古发现与出土文献的新印证》，科学出版社，2016 年。

第二节 锁子甲

锁子甲是一种由金属小环紧密套扣相联并连缀成衣形的铠甲形制。前论曹植《先帝赐臣铠表》中所记明光铠、环锁铠都是受西方影响的产物，环锁铠即为锁子甲。

一、披锁子甲武士形象

曹植《先帝赐臣铠表》是中土有关锁子甲的最早记载，由此可知汉末曹魏时期，锁子甲很可能已传至中原，当时只作为稀有宝物而未在军中普及。《晋书》卷一二二《吕光载记》记述前秦苻坚派吕光为都督西域征讨诸军事，吕充进攻龟兹城时，就遭遇西域诸军装备一种他所不熟悉的锁子甲："铠如连锁，射不可入。"[1] 由此文献可知在东晋十六国时期，新疆地区西域诸军即已装备锁子甲，而中原地区罕能见到[2]。

前引《唐六典》记载锁子甲在唐代已作为13种甲制的其中一种，当时可能已掌握锁子甲的制造技术，但并未在军队中普及，而是与"白布甲""皂绢甲""布背甲"等装饰性的甲具一样，作为礼仪典章之用。

目前中土尚未出土唐代及此前的锁子甲实物资料，而在唐代雕塑及石窟寺壁画所见武士形象身上，可以看到锁子甲形制。如新疆焉耆明屋出土唐代

---

1. 《晋书》卷一二二《吕光载记》，中华书局，1974年，第3035页。
2. 杨泓、李力：《中国古兵二十讲》，生活·读书·新知三联书店，2013年，第176—180页。车频《秦书》记："苻坚使熊邈造金银细铠，镂金为线以缫之。"沈从文先生指出："说'缫之'，则近金银锁子甲矣。"由此可知，前秦苻坚时与西域战争中接触锁子甲，并可能进行仿制。但"镂金为线"，用黄金制作的锁子甲应装饰多于实用，仅最高统治阶层拥有。

泥塑[1]（图 1-2-1，1）、上海博物馆藏唐代石刻武士[2]（图 1-2-1，2）、重庆大足石窟北山第 5 窟唐代毗沙门天王像[3]（图 1-2-1，3）、日本教王护国寺藏唐木造毗沙门天王[4]（图 1-2-1，4）、甘肃敦煌莫高窟第 444 窟和第 384 窟唐代壁画所绘天王像[5]，其身披甲胄的特点是由细小且紧密相扣的构件连缀而成，应即为文献所记的锁子甲。以上例证多数为佛教天王塑像，天王的形象应是雕塑制作传统相袭，具有一定程式化及延续性，但还是可以窥见当时锁子甲形制。

图 1-2-1　唐代穿锁子甲武士雕塑

1. 新疆焉耆明屋出土唐代泥塑　2. 上海博物馆藏唐代石刻武士　3. 重庆大足石窟北山第 5 窟唐代毗沙门天王像　4. 日本教王护国寺藏唐木造毗沙门天王像

1. 现藏于大英博物馆。图片采自［英］吴芳思：《丝绸之路 2000 年》，赵学工译，山东画报出版社，2008 年，第 56 页。作者指出："萨珊或伊朗风格的武士形象。原物来自库木吐拉的一座以士兵浮雕装饰为主的神殿。"铠甲由相扣圆环组成，应为唐代时所制。
2. 刘永华：《中国古代军戎服饰》，清华大学出版社，2013 年，第 127 页。
3. 李小强：《大足石刻史话》，江苏凤凰美术出版社，2019 年，第 15 页；［日］田边胜美、前田耕作编：《世界美术大全集・中亚卷（东洋编 15）》，小学馆，1999 年，图 262。
4. ［日］奈良国际博物馆编：《东亚诸佛》，株式会社天理时报社，1996 年，第 58 页。
5. 壁画中天王所穿连环折叠之甲，可能就是锁子甲。参见段文杰：《莫高窟唐代艺术中的服饰》，载段文杰：《敦煌石窟艺术论集》，甘肃人民出版社，1988 年。

魏晋南北朝隋唐武士形象西方文化因素研究

此外，文献则多有记载吐蕃军队使用锁子甲，甘肃肃南大长岭吐蕃时期墓葬的墓主可能为高级将领，墓中出土的诸多珍贵文物中也发现实战所用的铁质锁子甲[1]，可与文献相印证。推测中亚地区输入的锁子甲应曾于吐蕃军队中使用[2]。

二、锁子甲源流

锁子甲是起源于波斯的铠甲形制，杨泓[3]、马冬[4]、沈福伟[5]、魏兵[6]、韩香[7]等学者对此皆有论述。3世纪的伊朗塔克依布斯坦波斯浮雕[8]（图1-2-2）阿尔达希尔一世《克敌图》对帝王的铠甲雕刻甚为精细，可以清楚地看到波斯锁子甲的形制。波斯帝王将锁子甲穿于铠甲之内，锁子甲由金属丝互相紧密扣合联结成甲衣。从石刻上看锁子甲致密坚固，在冷兵器时代，防御效果应当较为明显，《晋书》所记锁子甲"射不可入"应是有所依据。

锁子甲在汉末曹魏时出现，与这时期中亚人中介传载的西方文化传入有关。西方文化的传播，到了东汉后期达到高潮[9]，汉灵帝深好西方艺术和风俗习惯，常穿着商胡的衣服，宴饮作乐，都城洛阳上层社会盛行胡服、胡帐、胡床、胡坐、胡饭、胡箜篌、胡笛、胡舞等[10]。东汉后期，包括来自安息、贵霜、康居等地

1. 施爱民：《肃南西水大长岭唐墓清理简报》，《陇右文博》2004年第1期。
2. 仝涛：《甘肃肃南大长岭吐蕃墓葬的考古学观察》，《考古》2018年第6期。
3. 杨泓：《中国古代的甲胄》，载杨泓：《杨泓文集·古代兵器（上册）》，文物出版社，2021年。
4. 马冬、陶涛：《锁子甲的起源、形制及其传入中国》，《中国典籍与文化》2005年第1期；马冬：《唐代服饰专题研究：以胡汉服饰文化交融为中心》，陕西师范大学博士学位论文，2006年。
5. 沈福伟：《中西文化交流史（第2版）》，上海人民出版社，2006年。
6. 魏兵：《中国兵器甲胄图典》，中华书局，2011年，第115页。
7. 韩香：《波斯锦与锁子甲：中古中国与萨珊文明》，社会科学文献出版社，2022年。还可参见葛承雍：《两大文明的对接与互动：读〈波斯锦与锁子甲：中古中国与萨珊文明〉》，《读书》2023年第7期。
8. Andre Malraux and Georges Salles, *Persian Art*, New York: Golden Press, 1962, pp.126-130；李零：《波斯笔记·下》，生活·读书·新知三联书店，2019年，第552—553页。
9. 沈福伟：《中西文化交流史（第2版）》，上海人民出版社，2006年，第72—73页。关于汉代的外来文化的研究可参见石云涛：《汉代外来文明研究》，中国社会科学出版社，2017年。
10. 《后汉书·五行志》，中华书局，1965年，第3272页。

武士铠甲源流研究

1　　　　　　　　　　　　　2

3　　　　　　　　　　　　　4

图 1-2-2　伊朗塔克依布斯坦波斯浮雕所见穿锁子甲的国王图像（3 世纪）

的相当数量的中亚人迁居来华[1]。洛阳出土数块带有佉卢文题记的井栏石条，年代大致为170—190年，即东汉灵、献二帝时期，铭文提到"僧团"和"寺院"，应是东汉后期流寓洛阳的贵霜人留下[2]。汉晋时期，除洛阳之外，中国境内其他地方也有贵霜人流寓[3]。因此，锁子甲及前文所论明光甲都在这时期出现于中土。

中亚粟特人在锁子甲传播中所起作用，还可结合中亚粟特本土文物图像资料进一步探讨，至少在唐代，文献与图像都显示与粟特人关系密切。文献记载唐开元时康国曾进贡锁子甲。《新唐书·西域传下·康国传》载：

> 开元初，贡锁子铠、水精杯、玛瑙瓶、驼鸟卵及越诺、侏儒、胡旋女子。……开元时，献璧、舞筵、师子、胡旋女子。[4]

相似记载见于《唐会要》卷九九《康国》：

> 开元初，屡遣使献锁子甲、水晶杯及越诺、侏儒人、胡旋女子，兼狗豹之类。[5]

可知锁子甲曾作为宝物，与水精杯、玛瑙瓶等珍稀之物一同作为进贡唐朝之礼物。足见锁子甲在当时的中亚及中土，都较为珍贵。

在出土文物方面，中亚片治肯特古城时代约为8世纪时的粟特壁画，也绘有穿锁子甲的武士形象及神王像。如城下决斗图中的武士[6]，身上铠甲为环环相扣的锁子甲，颈部、身体、手臂、腿部都用甲胄覆盖（图1-2-3，1），与萨

1. 马雍：《东汉后期中亚人来华考》，载马雍：《西域史地文物丛考》，文物出版社，1990年，第46—59页。
2. 林梅村：《洛阳所出佉卢文井栏题记：兼论东汉洛阳的僧团和佛寺》，载林梅村：《西域文明——考古、民族、语言和宗教新论》，文物出版社，1995年。
3. 林梅村：《贵霜大月氏人流寓中国考》，载林梅村：《西域文明——考古、民族、语言和宗教新论》，文物出版社，1995年。
4. 《新唐书》卷一四六，中华书局，1975年，第6244页。
5. 《唐会要》卷九九，中华书局，1990年，第2105页。
6. ［日］田边胜美、前田耕作编：《世界美术大全集·中亚卷（东洋编15）》，小学馆，1999年，第216页。

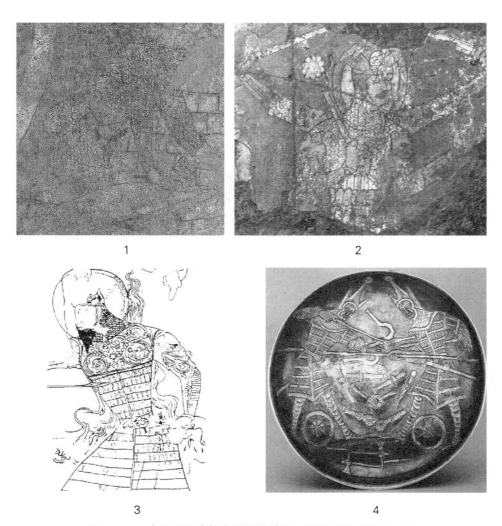

图 1-2-3 中亚片治肯特古城粟特壁画、粟特银盘所见锁子甲

1. 壁画城下决斗图局部（8 世纪） 2. 壁画四臂魔王像（约 700—750） 3. 壁画粟特武士像 4. 俄罗斯艾米塔什博物馆藏粟特银盘（7 世纪）

珊波斯的形制相近。片治肯特壁画四臂魔王像[1]（图 1-2-3，2），从残存的壁画上可看到颈部、臂部、上身都用互相扣合的锁子甲护住。此外，壁画粟特武

1.［俄］马尔夏克：《突厥人、粟特人与娜娜女神》，毛铭译，漓江出版社，2016 年，第 16 页。

士像[1]（图1-2-3，3）、俄罗斯艾米塔什博物馆藏7世纪粟特银盘中的两个武士[2]（图1-2-3，4），其铠甲的护颈部位，也是用了锁子甲的制甲工艺制作而成。可知受波斯影响，粟特本土应当也生产并使用锁子甲。

唐代时中亚仍将锁子甲作为宝物进贡，可见其在当时仍比较珍贵。从中推测中亚和西亚所制锁子甲的质量可能较高[3]，应也影响唐代甲胄形制。唐代军队对锁子甲仍感较为新奇，唐代《通典》记载8世纪时吐蕃"人马俱披锁子甲，其制甚精，周体皆遍，唯开两眼，非劲弓利刃之所能伤也"[4]，这条记载与上引《晋书》所记述锁子甲的情形颇为相似，皆惊叹锁子甲坚不可摧。

唐诗中有描绘锁子甲之句，如李贺"奚骑黄铜连锁甲，罗旗香干金画叶"[5]，又如杜甫"雨抛金锁甲，苔卧绿沈枪"[6]。可知精良的锁子甲当是由黄铜制作。黄铜是铜锌合金，外观"似金"，即文献中所记"鍮石"[7]。鍮石产于波斯，文献多载波斯产"金、银、鍮石"。如《大唐西域记》卷一一《波剌斯国》载：

> 波剌斯国周数万里。……引水为田，人户富饶，出金、银、鍮石、颇胝、水精、奇珍异宝。工织大锦、细褐、氍毹之类。多善马、橐驼。货用大银钱。[8]

《通典》卷一九三《边防九·波斯》亦载：

1. A.M.Belenitskii,B.I.Marshak,and Mark J.Dresden,*Sogdian Painting*, University of California Press, 1981, p.106.
2. ［俄］鲍里斯·艾里克·马尔沙克：《粟特银器》，李梅田、付承章、吴忧译，上海古籍出版社，2019年，第5页；［日］田边胜美、前田耕作编：《世界美术大全集·中亚卷（东洋编15）》，小学馆，1999年，第178页。
3. 韩香：《隋唐长安与中亚文明》，中国社会科学出版社，2006年。
4. 《通典》卷一九〇《边防六·吐蕃》，王文锦等点校，中华书局，1988年，第5171页。
5. 李贺：《贵主征行乐》，《全唐诗》卷三九一，中华书局，1960年，第4407页。
6. 杜甫：《重过何氏五首之三》，《全唐诗》卷二二四，中华书局，1960年，第2398页。
7. ［美］劳弗尔：《中国伊朗编》，林筠因译，商务印书馆，1964年，第341—342页；林梅村：《鍮石入华考》，载林梅村：《古道西风：考古新发现所见中外文化交流》，生活·读书·新知三联书店，2000年。
8. 《大唐西域记》卷一一《波剌斯国》，上海人民出版社，1977年，第938—939页。

土出名马及驼，富室至有数千头者。出象、狮子，多良犬。有大鸟，形如橐驼，有两翼，飞而不能高，食草与肉，亦能啖火。有大鸟卵，真珠，颇梨，珊瑚，琉璃，玛瑙，水精，瑟瑟，金，银，鍮石，金刚，火齐，铜，锡，镔铁，朱砂，水银，锦，叠，细布，氍毹，毾㲪，护那，越诺布，金缕织成，赤麖皮，熏陆，郁金，苏合，青木等香，胡椒，荜拨，石蜜，千年枣，香附子，诃黎勒，无食子，盐绿，雌黄。又有优钵昙花，鲜华可爱。[1]

当时已知晓鍮石为波斯所盛产，须由此地辗转东传。《册府元龟》卷九七一记载开元六年（718），米国"遣使献柘壁舞筵及鍮"[2]，米国所献鍮石应也是由波斯地区转贩。当时鍮石作为贵重物品，多用于制作佛像及香炉[3]，也作

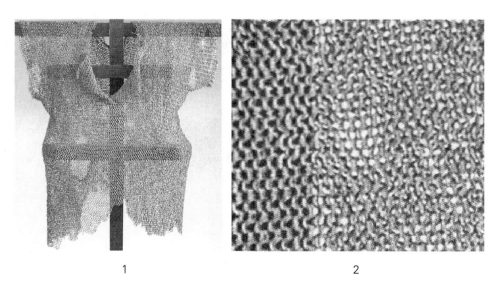

1   2

图1-2-4 内蒙古自治区伊金霍洛旗出土清代铁锁子甲及局部图

---

1. 《通典》卷一九三《边防九·波斯》，王文锦等点校，中华书局，1988年，第5270—5271页。
2. 《册府元龟》卷九七一《外臣部·朝贡四》，中华书局，1982年。
3. 参见段成式：《酉阳杂俎》续集卷五，上海古籍出版社，2012年。

为带具装饰以区分等级。《旧唐书》卷四五《舆服志》记高宗上元元年（674），曾敕"九品服浅青，并𫟼石带"[1]。由这些记载可知𫟼石在当时属于贵重宝石。除了制作原料珍贵，锁子甲的制作工艺也比较复杂，制作过程烦琐耗时，应只有少数高级将领能使用。内蒙古自治区伊金霍洛旗出土清代铁锁子可以作为实物参考[2]（图1-2-4）。

由于制作精良锁子甲的原材料𫟼石的稀有性，以及制作工艺的复杂性，中亚康国才进贡锁子甲。我们也可从中揣测唐朝军队并未普遍装备锁子甲，应只有少数将领勋贵才能拥有。考古发掘出土尚未见中土锁子甲实物，壁画及雕塑等图像资料所见锁子甲，也多数为佛教天王形象，应也是缘于此因。

---

1. 《旧唐书》卷四五《舆服志》，中华书局，1975年，第1931页。
2. 国家文物局国家文物鉴定委员会：《文物藏品定级标准图例·兵器卷》，文物出版社，2011年，图210。

第三节　缀摇叶服饰

　　北齐、隋代墓葬中出土的一类骑马武士陶俑，其服饰表面贴塑多个锥状桃形的小陶块，用以表示其袍服上缝缀有可摇动的金属小叶，即缀摇叶服饰。这种特殊服饰源于西亚波斯，波斯缀摇叶服饰传至北齐太原，其由西向东的传播过程值得探讨。此外，中亚地区壁画所见缀摇叶服饰与中土服饰的关系也可再探究。笔者拟就陶俑所见缀摇叶服饰的形制特征、起源与向东传播过程、传播的族群等问题，结合中亚地区发现的壁画及陶塑等文物进行对比研究。

一、骑马武士俑所见缀摇叶服饰形制特点

　　山西太原北齐娄睿墓（570），墓主是北齐外戚与重臣，武明皇后娄昭君之侄，封东安郡王，其墓中出土多个身穿缀摇叶服饰的骑马武士陶俑（图 1-3-1）。陶俑的圆领袍服上缀有十几枚锥状近似为桃形的小陶块制作的装饰，脚穿皮靴，头戴翻沿帽，所骑之马亦佩饰齐整，马颌下悬缨较大[1]。

　　无论是单件的步摇，还是联结多件步摇组成的步摇冠，其装饰工艺的基本元素都是可摇动的小叶片，即摇叶。中亚及北朝出土的步摇皆是如此[2]，如阿富汗席巴尔甘大月氏墓出土金步摇冠[3]（图 1-3-2，1）、辽宁北票北燕冯素弗

---

1. 山西省考古研究所等：《北齐东安王娄睿墓》，文物出版社，2006 年，第 95—96 页。
2. 关于步摇及步摇冠的研究参见扬之水：《步摇花与步摇冠》，载扬之水：《定名与相知——博物馆参观记（二编）》，广西师范大学出版社，2021 年。
3.［日］田边胜美、前田耕作编：《世界美术大全集·中亚卷（东洋编 15）》，小学馆，1999 年，第 45 页。

1
2

图 1-3-1 山西太原北齐娄睿墓出土缀摇叶陶俑及线图

1
2
3

图 1-3-2 中亚及北朝出土金步摇、步摇冠

1. 阿富汗席巴尔甘大月氏墓出土金步摇冠 2. 辽宁北票北燕冯素弗墓出土金步摇 3. 辽宁朝阳北朝墓出土金步摇

墓出土金步摇[1]（图 1-3-2，2）、辽宁朝阳北朝墓出土金步摇[2]（图 1-3-2，3）。摇叶具有多方面的用途，比如将摇叶缝在袍服之上[3]。笔者揣测制作娄睿墓陶

---

1. 辽宁省博物馆编：《北燕冯素弗墓》，文物出版社，2015 年，第 61—62 页。冯素弗为北燕天王冯跋之弟，与冯跋一起推翻后燕建立北燕。
2. 辽宁省文物考古研究所编：《辽宁省文物考古研究所藏文物精华》，科学出版社，2012 年，第 122 页。
3. 孙机：《步摇、步摇冠、摇叶饰片》，载孙机：《仰观集——古文物的欣赏与鉴别（修订本）》，文物出版社，2015 年。

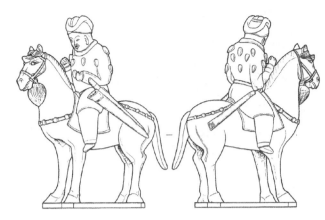

1

2

图 1-3-3 山西太原隋代斛律彻墓出土缀摇叶陶俑及线图

俑的工匠所要展现的是整件圆领袍服都缀满金属小摇叶，由于陶俑的制作技艺与表现形式所限，仅象征性贴塑十几片小陶块表示摇叶。

　　此类身穿缀摇叶服饰的陶俑较为少见，目前经考古发掘出土者仅有两座墓。山西太原隋代斛律彻墓（595）墓主为北齐权臣斛律光之孙，该墓出土诸多陶俑之中亦有穿缀摇叶服饰骑马武士俑（图1-3-3）。陶俑头戴翻沿帽，身穿圆领窄袖袍，腰部以上饰桃形装饰物，脚穿长靴，腰部两侧佩多件武器，所骑之马颌下悬缨，络头鞍鞯齐全。武士俑整体装饰华丽、威严庄重，推测可能为首领装扮[1]。以上两

图 1-3-4 北齐缀摇叶陶俑

----

1. 山西省考古研究所编：《太原沙沟隋代斛律彻墓》，科学出版社，2017年，第20页、图版七。

墓年代相隔仅25年，都是在太原，隋代应是延续了北齐的陶俑制作传统。此外，文物图录还散见一例缀摇叶装饰骑马武士俑[1]（图1-3-4），形制特征与上述太原出土陶俑相近，时候应当约为北齐。

二、缀摇叶服饰的源流

骑马武士俑所见之缀摇叶服饰形制甚为特殊，在中国以往出土资料中所未见，其源流值得研究。关于缀摇叶服饰的起源，孙机先生指出将摇叶缝在衣服上的做法，在安息雕刻中已经见到，如哈特拉古城址发现的王者石像[2]（图1-3-6，1、2、3、4），伊朗塔克伊布斯坦石窟的萨珊波斯国王像[3]（1-3-5；1-3-6，5），衣服上亦满缀摇叶。这种做法传到我国后在娄睿墓陶俑身上留下痕迹[4]。

图1-3-5 伊朗塔克伊布斯坦石窟国王像所见袍服、冠饰及佩胡禄武士形象

1. 高玉珍、徐政夫主编：《中华文物集粹——清玩雅集收集展》，故宫博物院出版社，1995年，图版70。
2. [日]田边胜美、松岛英子编：《世界美术大全集·西亚卷（东洋编16）》，小学馆，1999年，第45页；[伊朗]哈比比安拉·阿亚图拉希：《伊朗艺术史》，王泽壮译，湖南美术出版社，2023年，第116页。
3. [伊朗]哈比比安拉·阿亚图拉希：《伊朗艺术史》，王泽壮译，湖南美术出版社，2023年，第157页。
4. 孙机：《步摇、步摇冠、摇叶饰片》，载孙机：《仰观集——古文物的欣赏与鉴别（修订本）》，文物出版社，2015年，波斯石刻线图采自第247页。

图 1-3-6 波斯文物所见穿缀摇叶服饰人物形象

1、2、3、4. 伊拉克哈特拉出土安息王者石像及线图（1—3 世纪） 5. 伊朗塔克伊布斯坦石窟中的萨珊国王像（可能为 457—483 年在位的卑路斯或 590—628 年在位的库思老二世）

　　诚如孙机先生所论，北齐穿缀摇叶服饰陶俑与波斯石刻，二者在装饰风格上的确具有相同意趣，都在袍服上加饰锥状的细小摇叶。而波斯缀摇叶服饰向东传播至北齐太原地区，其传播过程、传播媒介、传播族群等问题都值得进行探讨，因此笔者在前辈学者研究的基础上，结合中亚石窟壁画、古城壁画、出土陶塑等文物材料，略作对比研究。

　　值得注意的是，受波斯影响，中亚地区也曾使用缀摇叶服饰。阿富汗西北法立亚布地区姑比洋洞窟壁画（4—5 世纪）左起第四人（图 1-3-7，1），袍服及裤子都缀有锥状的细小摇叶。中亚粟特故地乌兹别克斯坦的巴拉雷克壁画（6—7 世纪）宴饮图（图 1-3-7，2、3），绘有穿缀摇叶翻领披风、手持酒具的粟特贵族女性形象，披风之上所饰摇叶细小而且密集。中亚壁画所见袍服缀摇叶的装饰风格与波斯相近似，出现的时代晚于波斯，因此应是受其影响。

　　有学者称此类缀摇叶服饰为"心形花纹"，属于"布料纹饰"，指出北魏

图 1-3-7　中亚壁画、陶塑所见穿缀摇叶服饰人物形象

1.阿富汗姑比洋洞窟壁画（4—5世纪）　2、3.中亚乌兹别克斯坦巴拉雷克壁画及线图（6—7世纪）
4.阿富汗丰都基斯坦出土陶塑佛陀像（7—8世纪）

佛教说法图中服饰所见心形花纹，是当时中亚所流行的纹饰[1]。对比波斯石刻，笔者以为中亚壁画所绘细小锥状的装饰应非织物纹饰，而是前论起源于波斯的缝缀于衣物上的摇叶。

　　敦煌莫高窟出土北魏佛教说法图刺绣残件，大约制作于487年，供养人为北魏广阳王元嘉[2]（图1-3-8，1、2）。这是目前所知织物关联人物身份最高的一件，4位世俗供养人皆穿鲜卑装，袍服的确饰有近似为心形纹饰的卷云纹，但是此纹应为中国传统纹饰。相似纹饰还可见于敦煌莫高窟第220窟贞观时期壁画冕服帝王像（图1-3-8，3、4），宽博礼服的袖口及上身饰有十二章绣纹，《唐六典》卷四、卷二二都记载唐代帝王冕服有6种，具备十二章绣纹的应当为衮冕[3]。冕服前裾部分为祥瑞纹饰卷云纹，与北魏佛教说法图相

1. 宋馨：《北魏平城期的鲜卑服》，载张庆捷、李书吉、李纲主编：《4—6世纪的北中国与欧亚大陆》，科学出版社，2006年，线图采自第105页。
2. 敦煌文物研究所：《新发现的北魏刺绣》，《文物》1972年第2期；图采自国家文物局、中国科学技术协会主编：《奇迹天工：中国古代发明创造文物展》，文物出版社，2008年，第77页。
3. 段文杰、樊锦诗主编：《中国敦煌壁画全集·初唐》，天津人民美术出版社，2006年，第52页。线图采自沈从文：《中国古代服饰研究》，上海书店出版社，1997年，第234页。

图 1-3-8 北魏、唐代图像人物服饰所见心形纹饰

1、2. 甘肃敦煌莫高窟出土北魏佛教说法图刺绣及局部纹饰   3、4. 甘肃敦煌莫高窟第 220 窟贞观时
期冕服帝王像及局部纹饰

似，单个纹饰较大，不同于中亚袍服的细小摇叶。由此可知，此类卷云纹为北朝高等级贵族袍服以及唐代帝王冕服上的纹饰，与中亚壁画所见的缀摇叶服饰并无关联。

笔者注意到，阿富汗丰都基斯坦出土的7—8世纪陶塑佛陀像（图1-3-7，4）所披云肩饰有珠宝，宝石的下部以及云肩的边缘都缀有摇叶，与前述萨珊波斯国王像（图1-3-6，5）装饰风格及装饰方法皆较为接近，足见其中渊源。相对于中亚壁画，陶塑佛陀像为立体雕塑，其展示的垂缀摇叶的特征更为直观，不是绘制的心形纹饰而为摇叶。综上可知，源于波斯的缀摇叶服饰首先传播至中亚地区，并由东来入华的中亚人传至中土，出现于北齐太原地区。

三、缀摇叶服饰首见于北齐太原娄睿墓的原因探讨

北齐时代特殊，虽然仅延续28年，却留下精彩纷呈的文化遗存。北齐陶俑、壁画、石刻等文物都展现出当时服饰受西亚及中亚的影响甚大。外来的卷檐虚帽、翻领袍、圆领袍、鞶囊在北齐已较常见，为其在隋唐的盛行奠定基础。此外，笔者曾撰文指出粟特人常用的盘辫发型亦首先出现于太原北齐徐显秀墓壁画[1]，源于中亚粟特的袍服局部装饰织锦的习俗也首见于徐显秀墓[2]。

起源于波斯并在中亚地区流行的缀摇叶服饰，首先出现在北齐并州（太原）墓葬出土的陶俑，应有其特殊原因，很可能受到由中亚入华的粟特人直接影响。波斯的服饰经由中亚粟特地区，在那里加工改造后再进一步向东传播至中国，并不乏其例。如本书所论波斯的武器装备胡禄、弓囊、锁子甲，还有帽冠中的雀鸟冠、饰展翼冠，都是由中亚入华的粟特人传入北朝隋唐时的中国。

中亚粟特地区曾为波斯的统治疆域（图1-3-9），粟特人在宗教、文化方面深受处于其西方的波斯的文化影响。在陕西西安北周粟特人安伽墓石葬具图像中，可以看到典型的波斯风格萨保骑马猎狮图[3]，图像主题源自萨珊波斯银盘上颇为常见的波斯国王猎狮图。山西太原隋代粟特人虞弘墓石葬具的图像上，

---

1. 吕千云、赵其旺：《北齐、唐代女性盘辫发式源流研究》，《中国国家博物馆馆刊》2022年第1期。
2. 吕千云、赵其旺：《北齐、唐代袍服局部装饰织物源流研究》，《中国国家博物馆馆刊》2023年第10期。
3. 陕西省考古研究所：《西安北周安伽墓》，文物出版社，2003年，第28、35页。

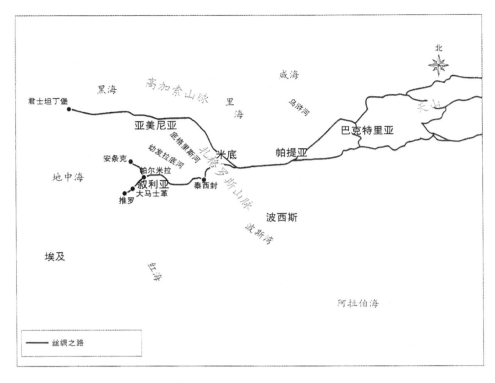

图 1-3-9　丝绸之路途经萨珊波斯统治疆域示意图（590—620）[1]

也有类似的骑象或骑驼猎狮图[2]。安伽墓围屏图像上的日月形纹样装饰、联珠纹装饰都源于萨珊波斯，头后扬起的飘带也是波斯王常见的配饰。这些波斯风格的装饰或图像主题，是在粟特本土即被吸收融合的波斯文化，并由粟特人向东传播至中国[3]。

出土缀摇叶装饰陶俑的两座墓葬，亦出现较多中亚粟特文化因素，可作为相互佐证。娄睿墓墓道壁画，即绘有两幅完整的胡人牵引载货骆驼商队图[4]（图

1. 参考［美］米夏埃尔·比尔冈：《古代波斯诸帝国》，李铁匠译，商务印书馆，2015 年，第 90 页。
2. 山西省考古研究所等编：《太原隋虞弘墓》，文物出版社，2005 年，第 101、102、110 页。
3. 荣新江：《四海为家：粟特首领墓葬所见粟特人的多元文化》，载荣新江：《中古中国与粟特文明（修订版）》，生活·读书·新知三联书店，2014 年。
4. 山西省考古研究所等：《北齐东安王娄睿墓》，文物出版社，2006 年，第 25、31 页。

1-3-10），墓中亦出土制作精良的牵驼胡人俑。斛律徹墓也出土两个骑载货骆驼胡商俑[1]（图1-3-11），骆驼满载丝绸和毡帐，胡商短发深目高鼻，刻画精细生动。此类胡人牵引骆驼壁画以及胡人骑骆驼陶俑，应是对当时中亚入华粟特商队的摹写与刻画[2]。

1

2

图1-3-10 山西太原北齐娄睿墓壁画所绘胡人牵驼商队图

娄睿是北齐外戚与重臣，其下葬时间为570年，这时期北齐胡风盛行。娄睿埋葬地太原即北齐的军政重镇并州，娄睿也曾任并州刺史，此地应也是胡风

1. 山西省考古研究所编：《太原沙沟隋代斛律徹墓》，科学出版社，2017年，第27页，图版九、十。
2. 关于太原、长治出土此类胡商骑驼俑的研究可参见葛承雍：《上党殊样：山西长治唐胡商骑驼俑探讨》，《故宫博物院院刊》2021年第12期。

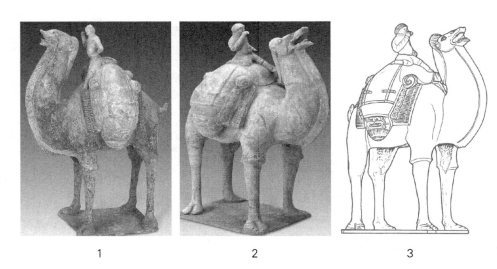

图 1-3-11 山西太原隋代斛律徹墓出土胡商骑驼俑及线图

盛行。虞弘任北周检校并州等地萨保府的年代是 580 年前后[1]，在其下葬时并州地区应当仍聚集较多粟特胡人[2]。因此墓中出现穿缀摇叶服饰陶俑、中亚商队壁画、胡人骑驼陶俑等诸多中亚文化因素则在情理之中。

　　综合上述分析，北齐、隋代陶俑所见的缀摇叶服饰起源于西亚波斯，首先传播至中亚地区，并由中亚粟特人向东传播至中土。文献及诸多出土文物都反映出北齐时期中西贸易交流繁盛，胡商频繁往来于东西方，统治阶层及贵族生活中崇尚胡风并且达到魏晋南北朝时期的顶峰。在此特殊历史背景之下，缀摇叶服饰首先出现于北齐娄睿墓出土陶俑。

1.《虞弘墓志》载："大象末（581），左丞相府，迁领并、代、介三州乡团，检校萨保府……"
2. 关于并州粟特人的研究参见荣新江：《隋及唐初并州萨保府与粟特聚落》，载荣新江：《中古中国与外来文明（修订版）》，生活·读书·新知三联书店，2014 年。

武士武器

源流
研究

2

—

魏晋南朝隋唐时期武士形象出现的格斗或争战之用的武器，常见者有装箭的胡禄、装弓的弯韬、刀剑[1]、戟等。胡禄、弯韬等皆源于波斯，粟特人作为传播中介，由其使用并传播至中国。

第一节 胡禄

胡禄，即装箭用的圆筒形箭箙。"胡禄"之名见于《册府元龟》所载：

> （同光三年二月）药彦稠进回鹘可汗先遣使送金装胡禄遗秦王，为党项所掠，至是获之而献。帝曰："此物已经剽掠，况曾晓谕，凡破贼所获，军中自收，今后却赐彦稠，所贵示人以信。"彦稠又进纳党项所劫回鹘玉二团，寻却赐之。[2]

回鹘可汗赠送秦王的"金装胡禄"，推测应是用黄金装饰的圆筒形的箭箙。

---

1. 王援朝：《北朝以降马刀在华流传考》，《中国历史文物》2008 年第 1 期；王援朝：《西域宽刃剑与中西文化交流》，《中国国家博物馆馆刊》2011 年第 7 期。
2. 《册府元龟》卷一六八《帝王部·却贡献》，中华书局，1982 年，第 2029 页。

一、魏唐武士形象所见胡禄

　　盛箭之器名箙。《周礼·司弓矢》郑注："箙，盛矢器，以兽皮为之。"中国传统箭箙为扁平状，湖北江陵沙冢 1 号楚墓出土战国时期木雕镂空漆箭箙为制作精致的楚国漆器，由盖面、背板及侧面、底板黏合而成，形制扁平且两边有小尖角[1]（图 2-1-1，1、2）。长沙西汉马王堆 3 号墓出土木箭箙为扁平状[2]，两侧突起两尖角，正视若叉[3]（图 2-1-1，3、4）。河北磁县东陈村东魏墓[4]（图 2-1-1，5）及磁县东魏茹茹公主出土陶俑[5]（图 2-1-1，6），也可见类似形制的箭箙，两侧及中部突起，挂于背后。辽宁北票市喇嘛洞村征集北朝（三燕）箭箙饰件，呈"山"字形，应就是这种扁平箭箙外部的装饰[6]（图 2-1-1，7）。

　　北朝石窟寺壁画、墓室壁画、陶俑等文物开始出现腰部佩带胡禄的武士形象。甘肃敦煌莫高窟第 285 窟西魏壁画"五百强盗成佛"中甲骑具装骑士[7]（图 2-1-2，1），所佩戴箭箙为长圆筒形，挂在腰间。山西忻州九原岗北朝墓（东魏至北齐早期）[8]（图 2-1-2，2）、山西太原北齐娄睿墓壁画[9]（图 2-1-2，3、4），都绘有腰间佩胡禄的武士形象。太原北齐徐显秀墓出土骑马武士俑所见胡禄，顶部还带有可扣合的盖子[10]（图 2-1-2，5、6）。

1. 国家文物局国家文物鉴定委员会：《文物藏品定级标准图例·兵器卷》，文物出版社，2011 年，第 151 页。
2. 湖南省博物馆、湖南省文物考古研究所：《长沙马王堆二、三号汉墓》，文物出版社，2004 年；熊传薪、游振群：《长沙马王堆汉墓》，生活·读书·新知三联书店，2006 年。
3. 《续汉书·舆服志》刘昭注引《通俗文》载："箭箙谓之步叉。"即指这种形制箭箙。参见孙机：《汉代物质文化资料图说（增订本）》，上海古籍出版社，2012 年，第 162 页。
4. 磁县文化馆：《河北磁县东陈村东魏墓》，《考古》1997 年第 6 期。
5. 磁县博物馆：《河北磁县东魏茹茹公主墓发掘简报》，《文物》1984 年第 4 期。
6. 辽宁省文物考古研究所编：《辽宁省文物考古研究所藏文物精华》，科学出版社，2012 年，第 129 页。
7. 段文杰、樊锦诗主编：《中国敦煌壁画全集·西魏》，天津人民美术出版社等，2006 年，第 112 页。
8. 山西省考古研究所等：《山西忻州市九原岗北朝壁画墓》，《考古》2015 年第 7 期。
9. 山西省考古研究所等：《北齐东安王娄睿墓》，文物出版社，2006 年，第 54 页。
10. 山西省考古研究所等：《太原北齐徐显秀墓发掘简报》，《文物》2003 年第 10 期。骑马武士辫发垂后，且腰配胡禄，与北朝粟特人石葬中突厥人武士形象相近。

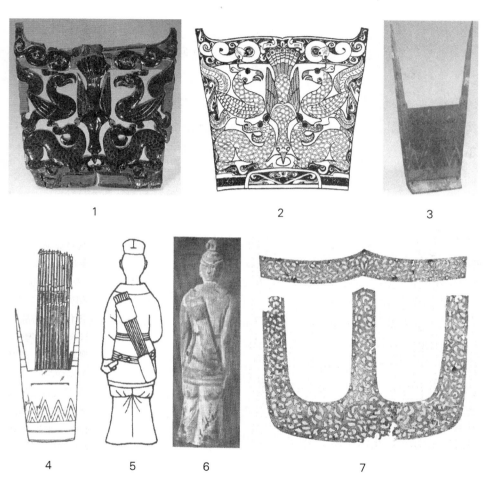

图 2-1-1 战国至北朝传统扁平箭箙

1、2.湖北江陵沙冢 1 号楚墓出土战国时期木雕镂空漆箭箙及线图　3、4.湖南长沙马王堆 3 号汉墓
出土木箭箙及线图　5.河北磁县东陈村东魏墓出土陶俑　6.河北磁县东魏茹茹公主墓陶俑及局部图
7.辽宁北票市喇嘛洞村征集北朝（三燕）箭箙饰件

魏晋南北朝隋唐武士形象西方文化因素研究

1　　　　　　　　　　2　　　　　　　　　　3

4　　　　　　　　　　5　　　　　　　　　　6

图 2-1-2　北朝壁画及陶俑所见胡禄

1.甘肃敦煌莫高窟第 285 窟壁画（西魏）　2.山西忻州九原岗北朝墓壁画　3、4.山西太原北齐娄睿
墓壁画　5、6.山西太原北齐徐显秀墓突厥骑士形象陶俑及线图

　　这种带盖胡禄在唐代壁画、石刻、陶俑中较为常见。陕西乾县章怀太子墓
壁画[1]（图 2-1-3，1）、唐太宗昭陵石雕六骏之飒露紫（唐将丘行恭）[2]（图
2-1-3，2）、河南洛阳贾敦颐墓陶俑[3]（图 2-1-3，3）、陕西乾县懿德太子墓

1.陕西省博物馆、乾县文教局唐墓发掘组：《唐章怀太子墓发掘简报》，《文物》1972 年第 7 期。
2.赵超：《铁蹄驰骋：考古文物中的马》，上海书画出版社，2013 年，第 121 页。
3.洛阳市文物考古研究院：《唐代洛州刺史贾敦颐墓的发掘》，《中国国家博物馆馆刊》2013 年第
8 期。简报称为"持长鼓俑"，所持应为箭箙。

骑马武士陶俑[1]（图 2-1-3，4）、河南洛阳唐安国相王孺人墓壁画[2]、陕西礼泉县阿史那忠墓壁画[3]，都精细绘制或刻画出胡禄。其形制和佩带方式都与传统扁平箭箙有区别。《新唐书》卷八《兵志》记载，当时军人"人具弓一，矢三十，胡禄、横刀、砺石、大觿、毡帽、毡装、行滕皆一"[4]，可见胡禄在唐代军队中已经普及。

从出土文物观察，吐蕃也流行胡禄。青海郭里木出土吐蕃时期棺板画[5]（图 2-1-4，1、2、3）、青海乌兰县泉沟吐蕃墓葬壁画[6]（图 2-1-4，4）、青海都兰热水墓群 2018 血渭一号墓出土吐蕃时期贴金骑射武士像[7]（图 2-1-5，1）、

1 2 3 4

图 2-1-3 唐代文物所见胡禄形制

1. 陕西乾县章怀太子墓壁画　2. 唐太宗昭陵石雕六骏之飒露紫（唐将丘行恭）　3. 河南洛阳贾敦颐墓陶俑　4. 陕西乾县懿德太子墓骑马武士陶俑

1. 陕西省考古研究编：《唐懿德太子墓发掘报告》，科学出版社，2016 年，第 201 页。
2. 洛阳市第二文物工作队：《唐安国相王孺人唐氏、崔氏墓发掘简报》，《中原文物》2005 年第 6 期。
3. 陕西省文物管理委员会等：《唐阿史那忠墓发掘简报》，《考古》1977 年第 2 期。
4. 《新唐书》卷八，中华书局，1975 年。
5. 彩图采自《中国国家地理·青海专辑（下辑）》，2006 年第 3 期。亦可参见仝涛：《青藏高原丝绸之路的考古学研究（上、下）》，文物出版社，2021 年。
6. 中国社会科学院考古研究所等：《青海乌兰县泉沟一号墓发掘简报》，《考古》2020 年第 8 期。
7. 中国社会科学院考古研究所、青海省文物考古研究所：《青海都兰热水墓群 2018 血渭一号墓》，《考古》2021 年第 8 期；韩建华：《青海都兰县热水墓群 2018 血渭一号墓吐蕃化因素分析》，《考古》2022 年第 10 期。

1

2

3

4

图 2-1-4 吐蕃时期棺板画及壁画所见佩胡禄或弯韬武士形象

1、2、3.青海郭里木出土吐蕃木棺板画及局部图　4.青海乌兰县泉沟吐蕃墓葬壁画

1   2

3   4   5

图 2-1-5 青海都兰热水墓群出土吐蕃时期金银器所见佩胡禄或弯韬武士形象

1. 青海都兰热水墓群 2018 血渭一号墓出土吐蕃贴金骑射武士像 2. 吐蕃银鎏金骑士像 3. 镶宝石骑
士猎狮像 4. 吐蕃骑马武士 5. 骑士狩猎金饰

青海都兰热水墓群出土吐蕃银鎏金骑士像[1]（图 2-1-5，2、3、4、5），都可
见腰挂胡禄武士形象，而且往往与装弓的弯韬搭配使用。中亚武士形象所佩戴
箭囊式样，与吐蕃武士所佩十分接近，两者应关系密切[2]。

---

1. 苏芳淑主编、霍巍撰：《金曜风华·赤羿青骢：梦蝶轩藏中国古代金饰·II》，香港中文大学出版社，
2013 年；霍巍：《金银器上的吐蕃宝马与骑士形象》，《西藏大学学报（社会科学版）》2014 年第
1 期；扬之水：《吐蕃金银器知见录》，《紫禁城》2020 年第 5 期；中国社会科学院考古研究所等主编：
《热水考古四十年》，科学出版社，2021 年；赵丰主编：《西海长云：6—8 世纪的丝绸之路青海道》，
浙江大学出版社，2023 年。
2. 霍巍：《吐蕃马具与东西方文明的交流》，载霍巍：《吐蕃时代考古新发现及其研究》，科学出版社，
2012 年。文中指出吐蕃的饰马手法，可能有来自西方的文化因素，也可能包含中原汉地的文化因素。

二、 胡禄源流

关于胡禄的起源与传播，研究者多已注意到波斯图像资料已出现胡禄，但关于胡禄起源之地存在不同意见。有学者指出其形制源于西域，由新疆东传[1]，也有学者论证源自新疆龟兹[2]。圆筒形箭箙形制应是源于波斯，在波斯银盘、石刻上都可见，传播途径也有迹可循。

公元前6世纪左右的波斯壁饰图像，已出现背负弓及圆筒箭箙的武士形象[3]（图2-1-6，1）。前文讨论锁子甲所列举的3世纪的伊朗塔克依布斯坦波斯浮雕中，波斯贵族多腰配圆箭箙[4]（图1-2-2）。萨珊波斯阿尔达希一世银盘亦可见其形制及配戴方式（图2-1-6，2）。伊朗纳克什·鲁斯塔姆萨珊石刻霍尔密兹德二世（302—309年在位）《克敌图》[5]（图2-1-6，3）、沙普尔二世（309—379年在位）《克敌图》[6]等石刻都出现佩胡禄帝王形象。此外，沙普尔二世[7]（图2-1-6，4、5、6）、库思老二世（590—628年在位）银盘图像[8]（图2-1-6，7）也可见到。可知波斯圆筒箭箙较早出现且流行时间长。

北朝入华粟特人墓出土石葬具图像中，也出现较多配带胡禄的粟特人形象。如陕西西安北周安伽墓石榻[9]（图2-1-7，1、2）、陕西西安北周史君墓石椁[10]（图2-1-7，3、4、5）、日本美秀博物馆藏北齐石榻所刻图像[11]（图2-1-7，6），

---

1. 钟少异：《6—8世纪中国武器中的外来影响》，载钟少异：《古兵雕虫：钟少异自选集》，中西书店，2015年。
2. 王援朝：《胡禄源流考》，《中国历史文物》2009年第6期。
3. ［日］东京国立博物馆编：《亚历山大大帝与东西文明交流展》，NHK，2003年，第40页。
4. Andre Malraux and Georges Salles, *Persian Art*, New York: Golden Press, 1962, pp.126—130.
5. ［日］田边胜美、松岛英子编：《世界美术大全集·西亚卷（东洋编16）》，小学馆，1999年，图272。
6. 李零：《波斯笔记·下》，生活·读书·新知三联书店，2019年，第379—385页。
7. ［日］田边胜美、松岛英子编：《世界美术大全集·西亚卷（东洋编16）》，小学馆，1999年，图281。
8. 线图采自孙机：《中国古舆服论丛（增订本）》，文物出版社，2001年，第105页。
9. 陕西省考古研究所：《西安北周安伽墓》，文物出版社，2003年，第28页，彩图见图版四四。
10. 西安市文物保护考古研究院编：《北周史君墓》，文物出版社，2014年，第110页。
11. 郑岩：《魏晋南北朝壁画墓研究（增订版）》，文物出版社，2016年，第244页。

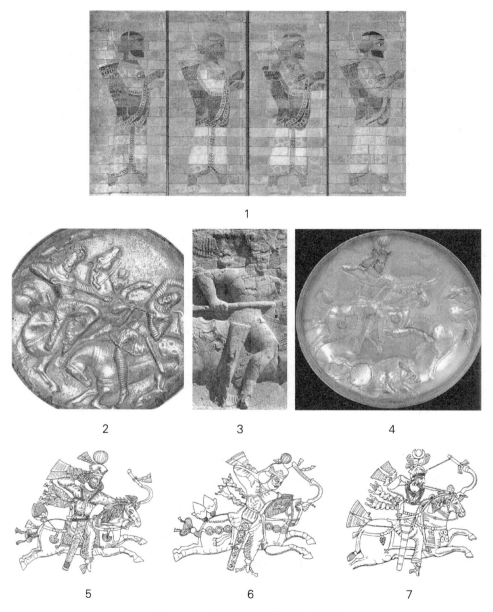

图 2-1-6 波斯文物所见圆筒形箭箙

1.波斯壁饰（公元前6世纪）　2.阿尔达希一世银盘　3.伊朗纳克什·鲁斯塔姆萨珊石刻霍尔密兹德
二世《克敌图》　4、5、6.沙普尔二世银盘　7.库思老二世银盘

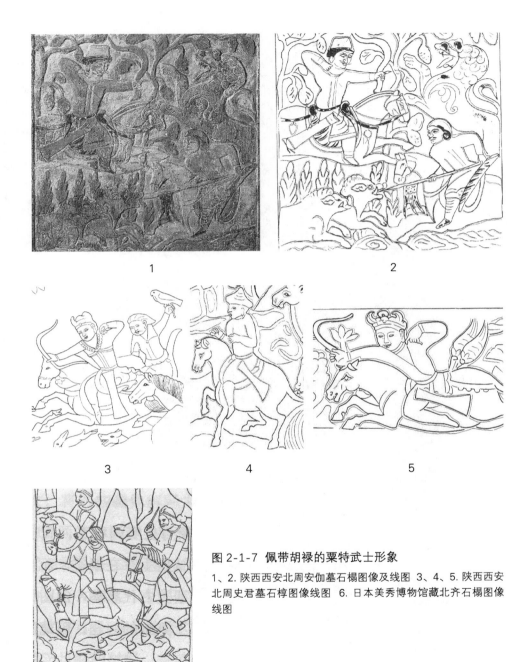

1　　　　　　　　　　　　　2

3　　　　　　　　4　　　　　　　5

6

图 2-1-7 佩带胡禄的粟特武士形象

1、2. 陕西西安北周安伽墓石榻图像及线图　3、4、5. 陕西西安北周史君墓石椁图像线图　6. 日本美秀博物馆藏北齐石榻图像线图

骑马狩猎或商队中骑马行进的粟特人物的腰间，都挂着波斯式的胡禄。中亚片治肯特粟特壁画[1]（图2-1-8，1、2）、中亚粟特骑士搏斗纹银盘[2]（图2-1-8，3）等粟特本土文物，也皆出现腰挂胡禄的粟特武士形象。由此可知受波斯影响，粟特人也使用胡禄。前文已讨论粟特人深受处于其西方的波斯文化的影响，胡禄应也是以粟特人为中介向东传播。

1

2   3

图2-1-8 中亚文物所见佩胡禄粟特武士形象

1、2.中亚片治肯特粟特壁画 3.中亚粟特骑士搏斗纹银盘

1.［英］彼得·弗兰科潘：《丝绸之路：一部全新的世界史》，邵旭东、孙芳译，浙江大学出版社，2016年，彩版第3页；Lothian Small, *Central Asian Painting: From Afghanistan to Sinkiang*, Rizzoli International Publications, 1979, p.44.
2.［俄］鲍里斯·艾里克·马尔沙克：《粟特银器》，李梅田、付承章、吴忧译，上海古籍出版社，2019年，第2页。

第二节　弯韬

弯韬是唐代较常使用的装弓之囊，形如弯月，往往由虎、豹等野兽皮制成，而且常常与胡禄搭配使用。

一、魏唐武士形象所见弯韬

杨思勖墓出土两件石俑（图 2-2-1），刻有弯弓形器。前引《新唐书》所记当时军人"人具弓一，矢三十，胡禄、横刀、砺石、大觿、毡帽、毡装、行滕皆一"。发掘者据此指出，二石俑所带的这一套，与上述记载基本相符。所带的弯形器，当是有锋利刃部的武器，故称为弯刀[1]。有学者指出弯月形佩器并非弯刀而是"藏弓于内的韬或帐，即装有弓的弓袋"，唐代武士腰间所佩为弯韬[2]。笔者以为，将文献与壁画、陶俑、金银器刻纹对比，此器应为装弓的弯韬。

陕西西安何家村出土唐代狩猎纹高足银杯（图 2-2-2），所刻画的猎者均手持弓箭，猎者身左侧皆配弯月形物。《旧唐书·李晟传》记有："乃令兵士匣刃櫜弓，休于野外，魏人遂安。"[3]《旧唐书·令狐楚传》又记："咸令櫜弓解甲，用为前驱，卒不敢乱。"[4]学者据此文献指出，文中的櫜即指盛弓的袋子，

1. 中国社会科学院考古研究所：《唐长安城郊隋唐墓》，文物出版社，1980 年，第 77—78 页。
2. 钟少异、王援朝：《唐杨思勖墓石刻俑复原商榷：兼说唐墓壁画中的虎韔豹韬》，载荣新江主编：《唐研究（第一卷）》，北京大学出版社，1995 年；王援朝、钟少异：《弯月形弓韬的源流：西域兵器影响中原的一个事例》，《文物天地》1997 年第 6 期。
3. 《旧唐书》卷八三《李晟传》，中华书局，1975 年。
4. 《旧唐书》卷一二二《令狐楚传》，中华书局，1975 年。

1　　　　　　　　　2

图 2-2-1　陕西西安唐代杨思勖墓出土成对石俑线图

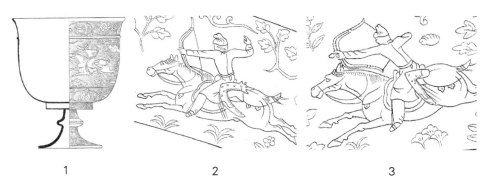

1　　　　　　2　　　　　　3

图 2-2-2　陕西西安何家村出土唐代狩猎纹高足银杯及局部图

狩猎纹银杯的 4 位猎者都背有这样的弓袋，应是以豹皮制成，其中一件还配有完整的兽头，也许这种弓袋的形制与人物的身份等级有关 [1]。

---

1. 齐东方、申秦雁主编：《花舞大唐春：何家村遗宝精粹》，文物出版社，2003 年，第 57 页。

"匣刃櫜弓""櫜弓解甲"二句中"櫜"字为动词，解释为收入弓囊中，在唐代似应不是这类弓囊专称。宋人陆游有诗曰："将军枥上汗血马，猛士腰间虎文帐。"[1]唐人黄滔《南海韦尚书启》："俾以佩豹韬而直下，建龙节以遄征。"[2]可知唐宋时期称"帐"或"韬"，多由虎皮或豹皮制成，依制作材质称"虎文帐"或"豹韬"，故本书统称为弯韬[3]。

《新唐书》卷二三《仪卫志》记载唐代侍卫武士随身佩器有弓、箭、横刀[4]。《新唐书》卷五〇《兵志》指出，府兵番上宿卫者，军府"惟给弓矢、横刀而已"[5]。陕西乾县唐代章怀太子墓壁画仪卫图武士皆头系红抹额，革带上佩未置箭之空胡禄、豹皮制弯韬，并垂挂豹尾（图2-2-3，1）。墓主曾为太子且该墓规制"号墓为陵"[6]，此套武士佩器可能具有皇家礼仪性质。河南洛阳唐安国相王孺人崔氏墓壁画武士[7]（图2-2-3，2），穿翻领袍服，手持弓，腰左侧佩胡禄右侧佩弓韬，弓韬一端为兽头，似由虎皮制成[8]。陕西礼泉县阿史那忠墓壁画侍女[9]（图2-2-3，3），手中同时抱着胡禄及弯韬，相似形象也见于甘肃敦煌莫高窟第12窟壁画[10]（图2-2-3，4）。陕西乾县懿德太子墓骑马俑[11]（图2-2-3，5、6）、上海博物馆藏唐代骑马胡人俑[12]，也可见弯韬挂于腰间。

---

1. 陆游：《剑南诗稿》卷四《九月十六日夜梦驻军河外遣使招降诸城觉而有作》。杜甫《兵车行》云："车辚辚，马萧萧，行人弓箭各在腰。"由唐代文物可知，当时用弓韬及胡禄放置弓与箭佩于腰间。
2. 《全唐文》卷八二三，中华书局，1983年。
3. 《诗·秦风·小戎》曰："虎帐镂膺，交帐二弓。"《毛传》曰："虎，虎皮也；帐，弓室也。"从《诗经》可知中原用虎皮做弓囊传统较早。中原地区在弓韬形制方面受粟特影响，而用虎皮制则是延袭传统。"豹韬"由豹皮制，中国不产豹，文献常记中亚西亚贡猎豹，故应在此后才出现。参见上引钟少异、王援朝：《唐杨思勖墓石刻俑复原商榷：兼说唐墓壁画中的虎帐豹韬》。
4. 《新唐书》卷二三《仪卫志》，中华书局，1975年。
5. 《新唐书》卷五〇《兵志》，中华书局，1975年。
6. 陕西省博物馆、乾县文教局唐墓发掘组：《唐章怀太子墓发掘简报》，《文物》1972年第7期。
7. 洛阳市第二文物工作队：《唐安国相王孺人唐氏、崔氏墓发掘简报》，《中原文物》2005年第6期。
8. 彩图参见徐光翼主编：《中国出土壁画全集·陕西（上）（第6卷）》，科学出版社，2012年，第116页。
9. 陕西省文物管理委员会等：《唐阿史那忠墓发掘简报》，《考古》1977年第2期。
10. 段文杰、樊锦诗主编：《中国敦煌壁画全集·晚唐》，天津人民美术出版社，2006年，图九五。
11. 陕西省考古研究编：《唐懿德太子墓发掘报告》，科学出版社，2016年，第176页。
12. 中国陶瓷全集编辑委员会编：《中国陶瓷全集·唐五代卷》，上海人民美术出版社，2000年，第91页。

图 2-2-3 唐代壁画、陶俑所见弯韬

1. 陕西乾县章怀太子墓壁画仪卫图 2. 河南洛阳唐安国相王孺人崔氏墓壁画武士 3. 陕西礼泉县阿史那忠墓壁画侍女 4. 甘肃敦煌莫高窟第 12 窟壁画武士 5、6. 陕西乾县懿德太子墓骑马俑

甘肃武威唐代吐谷浑王族慕容智墓棺内随葬器物，即有胡禄与弯韬实物[1]（图2-2-4）。这是我国考古首次发现弯韬实物，且与胡禄搭配，放置在墓主人身边。墓主身份显赫，为吐谷浑最后一位国王慕容诺曷钵的第三子，母亲为唐代著名的弘化公主。慕容智曾至长安入侍宫廷，担任禁卫军职，宿卫皇帝，为唐代正三品武将，官至"守左玉钤卫大将军"。所出土胡禄与弯韬应是其生前所用的武备。

1

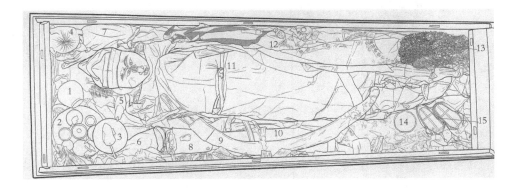

2

图 2-2-4 甘肃武威唐代吐谷浑王族慕容智墓棺内随葬器所见胡禄、弯韬及线图

1. 甘肃省文物考古研究所等：《甘肃武周时期吐谷浑喜王慕容智墓发掘简报》，《考古与文物》2021年第2期；甘肃省文物考古研究所编：《王国的背影：吐谷浑慕容智墓出土文物》，文物出版社，2022年，第38—39页。

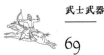

二、弯韬源流

胡禄和弯韬在新疆地区出现的时间可追溯到 5 世纪，如出现于新疆克孜尔石窟第 14 窟壁画智马本生图（约 6 世纪）中的骑马武士像[1]（图 2-2-5，1）、新疆克孜尔尕哈石窟第 14 窟壁画八王分舍利图中的骑马武士像[2]。6 世纪时，甘肃敦煌莫高窟第 285 窟西魏壁画五百强盗成佛图[3]（图 2-2-5，2），甲骑具装骑士腰部两侧分别佩戴胡禄及弯韬。

1   2

图 2-2-5 佛教石窟壁画所见配弯韬武士形象

1. 新疆克孜尔石窟第 14 窟壁画（约 6 世纪）　2. 甘肃敦煌莫高窟第 285 窟壁画（西魏）

与前论胡禄相似，中亚粟特故地也发现弯韬图像。如片治肯特壁画 8 世纪前半叶的骑马武士图[4]（图 2-2-6，1），武士左侧腰间挂一弯月形弓韬；片治

---

1. 新疆维吾尔自治区文物管理委员会等编：《中国石窟·克孜尔石窟（第一卷）》，文物出版社，1989 年，图 46、图 48。
2. 新疆石窟研究所：《西域壁画全集 5：森木塞姆石窟、克孜尔尕哈石窟壁画》，新疆文化出版社，2017 年。
3. 段文杰、樊锦诗主编：《中国敦煌壁画全集·西魏》，天津人民美术出版社，2006 年，第 112 页。
4. 施安昌：《火坛与祭司神鸟》，紫禁城出版社，2004 年，第 24 页。

肯特战争场面壁画[1]（图2-2-6，2），所绘铠甲武士左腰挂弯韬，右腰戴胡禄；中亚穆格山城堡出土的一件绘有骑士像的木盾[2]（图2-2-6，3），骑士左侧腰间挂弯韬。

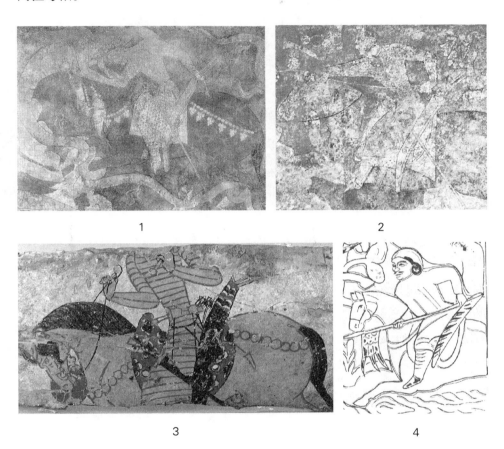

1   2

3   4

图 2-2-6 中亚及北朝配戴弯韬的粟特武士形象

1、2. 中亚片治肯特壁画（8世纪前半叶）3. 中亚穆格山城堡出土木盾 4. 陕西西安北周安伽墓石榻

1. Lothian Small, *Central Asian Painting: From Afghanistan to Sinkiang*, Rizzoli International Publications, 1979, p. 45.
2. ［日］田边胜美、前田耕作编：《世界美术大全集·中亚卷（东洋编15）》，小学馆，1999年，第167页。

武士武器源流研究

有学者指出，6—7世纪胡禄和弯韬在中亚与东亚有着广泛的使用，中原地区流行胡禄和弯韬乃是受了西域的影响，其传播的主要途径是从新疆经河西走廊而达中原。就中亚（乃至中国新疆）和南西伯利亚这一广大范围而言，胡禄和弯韬究竟源于何处，或者还有更为遥远的始源，目前难以判断[1]。

前文已指出，胡禄起源于波斯，而与之搭配的弯韬，笔者以为应当也源于此地。波斯阿契美尼德王朝时期的波斯波利斯遗址石刻，时代约为公元前6世纪或公元前5世纪，在波斯波利斯三宫门楼梯所刻波斯廷臣像[2]（图2-2-7，1）和阿帕丹宫石刻波斯帝国境内各地朝拜官员像[3]（图2-2-7，2）上可见，人物腰部都挂着装弓的弓袋。此外，石刻配胡禄和弓袋的持矛武士像（图2-2-7，3），还有阿帕丹宫北阶第十七图诸多使臣像[4]（图2-2-7，4），皆可以见到将装弓之袋挂于腰间的人物形象。观察其形制及外观，皆近似后来弯韬，笔者以为其应即是装弓之弯韬的早期形制。

目前中原出土文物所见最早弯韬图像，出现于陕西西安北周入华粟特人安伽墓的围屏石榻浮雕搏斗图像中（图2-2-6，4）[5]，唐代弯韬形制应受粟特人直接影响。粟特深受波斯影响，安伽墓出现弯韬图像的这幅搏斗图，本身亦是波斯风格，可为佐证。而且在中亚片治肯特粟特壁画中多次出现弯韬，中亚木盾上的粟特武士像中也清晰绘出所佩弯韬。因此，粟特人在弯韬传播过程依然具有中介作用。

1. 钟少异：《6—8世纪中国武器中的外来影响》，载北京大学考古文博院、大阪经济法科大学编：《7—8世纪东亚地区历史与考古国际学术讨论会论文集》，科学出版社，2001年。此据钟少异：《古兵雕虫：钟少异自选集》，中西书店，2015年。
2.［美］德布拉·斯凯尔顿、帕梅拉·戴尔：《亚历山大帝国》，郭子林译，商务印书馆，2015年，第152页。
3.［伊朗］哈比比安拉·阿亚图拉希：《伊朗艺术史》，王泽壮译，湖南美术出版社，2023年，第85页。
4. 图采自李零：《波斯笔记·上》，生活·读书·新知三联书店，2019年，第128页。
5. 陕西省考古研究所：《西安北周安伽墓》，文物出版社，2003年，第28页，彩图见图版四四。

1

2

3

4

图 2-2-7 伊朗波斯波利斯遗址石刻腰挂弓袋人物形象（波斯阿契美尼德王朝时期）

1. 波斯波利斯三宫门楼梯所刻波斯廷臣像 2. 阿帕丹宫石刻波斯帝国境内各地朝拜官员像 3. 配胡禄
和弓袋的持矛武士像 4. 阿帕丹宫北阶第十七图诸多使臣像

武士帽冠头饰

源流
研究

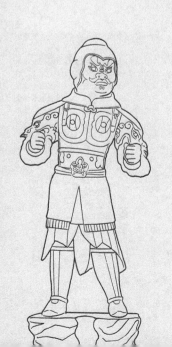

魏晋南北朝隋唐时期，武士朱雀冠、饰展翼冠为较常见的冠饰，两种形制皆具有源于波斯的文化因素。中亚粟特本土文物、入华粟特人石葬具图像也都可看到两类冠饰，应当也是受波斯影响。唐代武士兽头盔帽源于希腊神话中头戴狮头盔的赫拉克利斯。随着亚历山大东征和罗马帝国的扩张，其形象传到中亚和中亚以东各地。

第一节　朱雀冠与饰展翼冠

一、朱雀冠源流

　　朱雀冠形制特征为冠前部或顶部饰以朱雀。唐代武官鹖冠，其形制为冠前饰朱雀，两侧饰展翼，这种饰鹖雀并饰展翼的鹖冠，应为唐代文献中所称之武弁，又可称为朱雀冠。

　　戴朱雀冠武官形象，在唐墓出土武官俑中常见。如陕西西安金乡县主墓[1]（图 3-1-1，1、2）、陕西西安南郊唐墓[2]（图 3-1-1，3）、河南洛阳安菩

---

1. 西安市文物保护考古所：《唐金乡县主墓》，文物出版社，2002 年，第 33 页。金乡县主为唐高祖李渊孙女，滕王李元婴女。该墓出土 3 类鸟形冠，分别为武官、镇墓天王、骑马奏乐女子。
2. 西安市文物保护考古所：《西安南郊唐墓（M31）发掘简报》，《文物》2004 年第 1 期。

夫妇墓[1]（图3-1-1，4、5、6）、陕西乾县章怀太子墓[2]（图3-1-1，7）、陕西礼泉县越王李贞墓[3]（图3-1-1，8）、陕西西安灞桥独孤思贞墓[4]（图3-1-1，9）等皆有出土，冠前皆饰有完整的朱雀，这是受波斯冠饰传统影响。

唐代女性也使用朱雀冠，在唐代陶俑、壁画及石椁线刻中皆可见到头上装饰完整朱雀的仕女，唐墓中也出土有精美的朱雀冠实物。陕西西安唐代李倕墓出土金冠[5]（图3-1-2，1），前部饰有一只展开翅膀的朱雀，这种形制与武官朱雀冠相似，笔者以为应是受唐代武官礼冠的直接影响[6]。北京故宫藏唐代女坐俑[7]（图3-1-2，2）、山西万荣县薛儆墓石椁线刻[8]（图3-1-2，3）、陕西西安武惠妃墓石椁线刻[9]（图3-1-2，4）、新疆吐鲁番阿斯塔那唐墓木俑[10]（图3-1-2，5）、陕西乾县章怀太子墓石椁线刻[11]、陕西蒲城县李宪墓壁画[12]等都出现此类冠饰，且有些应具有礼冠性质。因此，与武官朱雀冠一样，其本源也是波斯鸟形冠。

头戴鸟形冠的人物形象，最早见于西亚安息王朝的文物。伊拉克国家博物馆所藏哈特拉出土的安息诸王像中，有一尊2世纪中后期的萨那吐鲁克一世石

1. 洛阳市文物工作队：《洛阳龙门唐安菩夫妇墓》，《中原文物》1982年第3期；洛阳市文物考古研究院编：《洛阳龙门安菩夫妇墓》，科学出版社，2017年，第29—31页。

2. 陕西省博物馆、乾县文教局唐墓发掘组：《唐章怀太子墓发掘简报》，《文物》1972年第7期。

3. 昭陵文物管理所：《唐越王李贞墓发掘简报》，《文物》1977年第10期。

4. 中国社会科学院考古研究所：《唐长安城郊隋唐墓》，文物出版社，1980年。图采自葛承雍：《大唐之国：1400年的记忆遗产》，生活·读书·新知三联书店，2018年，第41页。

5. 陕西省考古研究院：《唐李倕墓发掘简报》，《考古与文物》2015年第6期；张建林：《李倕墓出土遗物杂考》，《考古与文物》2015年第6期。

6. 赵其旺、吕千云：《中古中国女性帽冠、头饰研究》，成都时代出版社，2021年。

7. 冯贺军主编：《故宫收藏：你应该知道的200件古代陶俑》，紫禁城出版社，2007年，第141页；王浩：《唐墓中的几种鸟饰冠俑》，《紫禁城》2010年第4期。

8. 山西省考古研究所：《唐代薛儆墓发掘报告》，科学出版社，2000年，第46—47页、第95页、图版六六。侍女身穿低袒胸宽袖长衫、镶有宽阔花边的长裙，肩披花边帔帛，手持扇，服饰要比石椁线刻中不持扇的侍女特殊。

9. 程旭、师小群：《唐贞顺皇后敬陵石椁》，《文物》2012年第5期；葛承雍：《拂林花乱彩：胡汉中国与外来文明·艺术卷》，生活·读书·新知三联书店，2020年。

10. 新疆维吾尔自治区博物馆等：《1973年吐鲁番阿斯塔那古墓群发掘简报》，《文物》1975年第7期。

11. 樊英峰、王双怀：《线条艺术的遗产：唐乾陵陪葬墓石椁线刻画》，文物出版社，2013年，第116页。

12. 陕西省考古研究所：《唐李宪墓发掘报告》，科学出版社，2005年，图版三五；陕西省考古研究院编：《壁上丹青：陕西出土壁画集》，科学出版社，2009年，第350—351页。

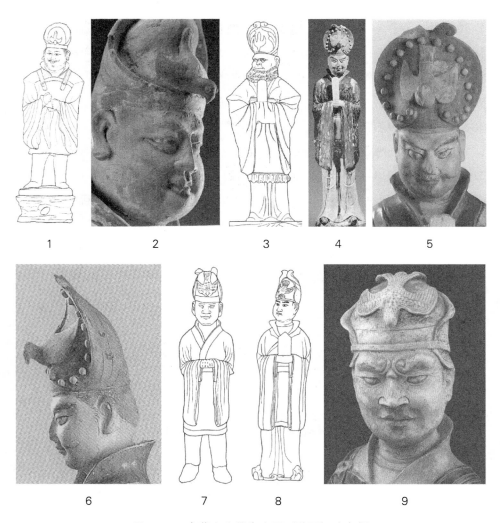

图 3-1-1　唐墓出土戴朱雀冠（鹖冠）武官俑

1、2. 陕西西安金乡县主墓陶俑及局部图　3. 陕西西安南郊唐墓武官俑线图　4、5、6. 河南洛阳安菩夫妇墓武官俑及局部图　7. 陕西乾县章怀太子墓武官俑线图　8. 陕西礼泉县越王李贞墓武官俑线图　9. 陕西西安灞桥独孤思贞墓武官俑

图 3-1-2 唐墓出土朱雀冠实物及戴朱雀冠女性形象

1.陕西西安李倕墓出土金冠 2.北京故宫藏女坐俑 3.山西万荣县薛儆墓石椁线刻图 4.陕西西安武
惠妃墓石椁线刻图 5.新疆吐鲁番阿斯塔那唐墓陶俑

雕[1]（图 3-1-3，1、2），其王冠上立一只雄鹰。哈特拉出土的一件大理石上，刻有冥神纳伽尔（Nergal）（图 3-1-3，3）和女神阿斯塔提（Astarte）[2]（图 3-1-3，4），二者都戴鹰形冠。萨珊波斯霍尔密兹德二世银币[3]（图 3-1-4）亦可见戴鸟形冠国王像，可见珊萨朝应也延续使用[4]。

安息王室流行的鸟形冠，通过佛教传播首先传至于阗等西域绿洲诸国。斯坦因（M.A.Stein）在和田发现的木板画中，有一片左侧绘有持戟托塔的毗沙门天王，其头上所戴为鸟形冠；右侧绘一骑马王者，身前身后各有一只乌鸦飞翔（图 3-1-5）。画面表现内容正是《大唐西域记》所记载的于阗王为毗沙门天祚胤的传说[5]。

1.［日］田边胜美、松岛英子编：《世界美术大全集·西亚卷（东洋编16）》，小学馆，1999年，第45页。
2.［日］田边胜美、松岛英子编：《世界美术大全集·西亚卷（东洋编16）》，小学馆，1999年，第45页。
3.［法］葛乐耐：《驶向撒马尔罕的金色旅程》，毛铭译，漓江出版社，2016年，第127页。
4.且影响到粟特人，虞弘墓石椁浮雕具有深厚萨珊波斯文化因素，戴鸟形冠者也是如此，包括冠上装饰日月形及冠后扬起两条飘带都是波斯常见特征。
5.陈凌：《突厥汗国与欧亚文化交流的考古学研究》，上海古籍出版社，2013年。

图 3-1-3 伊拉克哈特拉出土戴鹰形冠人物石像

1、2.萨那吐鲁克一世雕像及局部 3.冥神纳伽尔石刻像 4.女神阿斯塔提石刻像

图 3-1-4 萨珊波斯银币

6 世纪以前，于阗毗沙门天王信仰及其图像均已出现，毗沙门天王成为于阗建国神话中的"王族祚胤"和于阗圣寺守护神之一，由此产生了于阗地区的信仰体系及图像系统。此后又相继传播至敦煌，并由于阗、敦煌传入唐代西南边疆和京洛地区[1]。于阗戴鸟形冠毗沙门天王形象进一步影响石

<hr />

1. 霍巍：《从于阗到益州：唐宋时期毗沙门天王图像的流变》，《中国藏学》2016 年第 1 期。

图 3-1-5 新疆和田出土木板画

图 3-1-6 莫高窟第 257 窟北魏壁画力士像

窟寺中天王、力士造型。例如甘肃敦煌莫高窟第 257 窟北魏壁画所绘力士头顶戴鸟形冠，旁边饰两条上扬飘带（图3-1-6）。唐代戴朱雀冠镇墓天王俑的造型，应是直接受佛教天王形象影响，又融入中原四神之一的朱雀改造而成[1]（图3-1-7）。唐代武官朱雀冠饰以全鸟形朱雀的形制，受佛教毗沙门天王为主的天王及力士造像冠上饰鸟传统影响。

---

1. 唐俑之四神中的当圹、当野，唐初尚作武士状；高宗以降，造型多如脚踏卧兽的天王，身份仍是四神（当圹、当野、祖明、地轴）之一，不宜认为它是从一铺造像中游离出来的天王。孙机：《唐代的俑》，载孙机：《仰观集——古文物的欣赏与鉴别（修订本）》，文物出版社，2015 年。唐墓天王俑造型参考佛教天王造像，但其为镇墓俑，并非毗沙门天王。

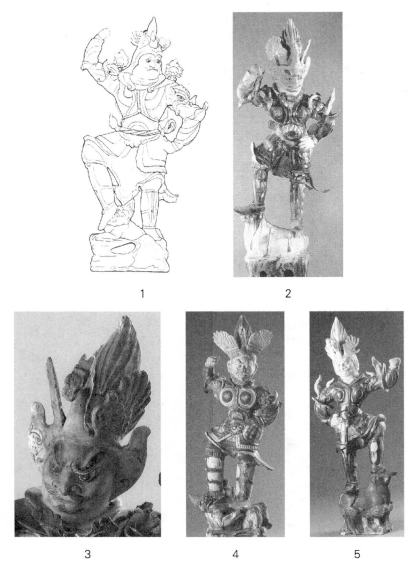

1   2

3   4   5

图 3-1-7 唐墓出土戴朱雀冠天王俑

1.陕西西安金乡县主墓陶俑 2、3.河南洛阳安菩夫妇墓陶俑及局部图 4.河南洛阳关林唐墓陶俑 5.河南偃师城关乡唐墓陶俑

二、饰展翼冠源流

饰展翼冠的形制特点为帽冠的两侧饰以展开的双翼。除了上述全鸟形朱雀冠，唐代礼冠上饰展翼的形制也源于波斯。展翼多装饰于武官朱雀冠两侧（图3-1-1；图3-1-8，1、2），武官礼冠也有单独饰以展翼，如陕西蒲城高力士墓石门分别刻文官、武官像，其中右侧武官即戴饰展翼冠[1]（3-1-8，4、5）。

《唐会要》卷三一载：

> 贞观八年五月七日，太宗初服翼善冠，赐贵臣进德冠，因谓侍臣曰："幞头起于周武帝，盖取便于军容耳。今四方无虞，当偃武事，此冠颇采古法，兼类幞头，乃宜常服。"至开元十七年，废不行用。[2]

综合前述文物资料推测，文中所记太宗所戴之翼善冠，很可能即饰有波斯式展翼[3]。

图3-1-8 唐墓出土戴饰展翼冠的武官形象

1、2.唐代戴朱雀冠（武弁）陶俑正面及侧面图 3.陕西西安苏思勖墓石门线刻 4、5.陕西西安高力墓石门线刻及局部图

---

1. 陕西省考古研究所：《唐高力士墓发掘简报》，《考古与文物》2002年第6期。
2. 《唐会要》卷三一，上海古籍出版社，1991年。
3. 翼善冠复原图可参考孙晨阳、张珂编：《中国古代服饰辞典》，中华书局，2015年，第628—629页。

关于唐代冠饰展翼形制的源流，孙机先生指出，唐代鹖冠（朱雀冠）从外面看去，在两侧的包叶上还画出鸟翼，冠饰双翼。古代波斯地区本有崇拜双翼的传统，萨珊诸王的冠上多饰双翼（图3-1-9），在波斯阿契美尼王朝时，琐罗亚斯特教的主神阿胡拉·马兹达就用带翼的日轮作为其象征。唐代翼冠的确曾受过萨珊的影响，但从萨珊式翼冠到唐代鹖冠之间，在传播过程中还以佛教艺术为中介。因为佛教中的毗沙门天王在西域各国特受尊崇，此种信仰亦流衍于中土，而毗沙门天王像上就戴着有翼的宝冠。唐式鹖冠上的翼取法于此，或更为直接[1]。

冠饰展翼形制起源于波斯，佛教艺术在传播过程中起到重要作用。河南安阳大住圣窟（隋初）窟门两侧拱形龛中各雕一神王，分别题名为"那罗延神王"和"迦毗罗神王"[2]（图3-1-10，1、2、3、4），二者皆戴饰展翼冠，冠前细

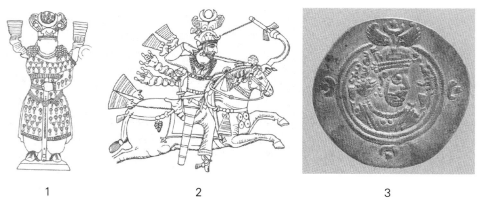

1   2   3

图 3-1-9 萨珊波斯戴饰展翼冠国王形象

1.伊朗塔克伊布斯坦石窟中的萨珊国王图像 2.库思老二世银盘图像 3.库思老二世银币

---

1. 孙机：《进贤冠与武弁大冠》，载孙机：《中国古舆服论丛（增订本）》，文物出版社，2001年。武氏祠画像石中的子路像，冠上饰有鸡形。唐代最流行的武官之冠，正是在冠上饰以鹖鸟全形的一种。虽然这种做法与佛教艺术中的鸟形冠相似，但仍可将汉代的鸡冠视为其固有的渊源。笔者认为汉代以来勇武者冠鹖的思想，是源于波斯鸟形冠与展翼冠通过佛教艺术被唐代融入武官冠服的思想背景。
2. 河南省古代建筑保护研究所：《宝山灵泉寺》，河南人民出版社，1991年，图二八；韦正：《魏晋南北朝考古》，北京大学出版社，2013年，第463页。

图 3-1-10 戴饰展翼冠佛教天王形象

1、2、3、4.河南安阳大住圣窟(隋初)窟门天王像及线图、局部图 5.陕西西安碑林藏初唐显庆三年(658)
道德寺碑上的天王像及局部图 6.甘肃敦煌莫高窟第338窟初唐壁画毗沙门天王图像

微处可见日月形饰，右边迦毗罗神王冠后还饰两条飘带。陕西西安碑林博物馆藏初唐显庆三年（658）道德寺碑上的天王像也冠饰展翼和日月[1]（图3-1-10，5）。甘肃敦煌莫高窟第338窟初唐壁画中毗沙门天王，戴饰展翼冠且其后亦加饰两条上扬飘带（图3-1-10，6）。冠饰以鸟形、展翼、日月形饰、飘带都是波斯冠饰传统，在上述佛教天王、力士造像中分别搭配出现，也佐证了其冠饰的波斯渊源。综上可知，佛教天王、力士形象此类冠饰进而影响了唐代武官鹖冠。

值得再讨论的是，源于波斯的冠饰，由来自中亚的粟特人传入中土。受波斯影响，入华粟特人石葬具图像中，亦可见戴鸟形冠、饰展翼冠人物形象。山西太原隋代虞弘墓[2]（图3-1-11，1—5）、陕西西安北周史君墓[3]（图3-1-11，6、7）、河南洛阳隋代安备墓[4]（图3-1-11，8）石葬具图像，皆多次出现戴鸟形冠或饰展翼冠的粟特贵族形象。

在中亚粟特故地也出现相似人物形象，中亚片治肯特粟特壁画宴饮图中[5]（图3-1-12），绘有戴饰日月展翼冠之贵族形象。虞弘墓石椁中戴日月形王冠的图像，与波斯银币与器皿上的王冠属于同一类型，源自萨珊波斯[6]。除此之外，鸟形冠、饰展翼冠亦源于波斯。虞弘墓石葬具所刻鸟形冠，亦饰有飘带或日月形饰，从组合上也显示其冠制的波斯渊源。

除此之外，入华粟特人石葬具中所刻成对神祇（战神）也戴展翼冠。美国

1. 李星明：《唐代护法神式镇墓俑试析》，载颜娟英、石守谦主编：《艺术史中的汉晋与唐宋之变》，北京大学出版社，2016年，图采自第280页。
2. 山西省考古研究所等编：《太原隋虞弘墓》，文物出版社，2005年，第106、113页。
3. 西安市文物保护考古研究院编：《北周史君墓》，文物出版社，2014年，第119页。出身粟特的史君为凉州萨保，其墓与安伽墓相距不远，墓中石椁门楣上方的石板上，刻有汉文和粟特文的双语铭文。
4. 葛承雍：《祆教圣火艺术的新发现：隋代安备墓文物初探》，《美术研究》2009年第3期；葛承雍：《隋安备墓新出石刻图像的粟特艺术》，载中山大学艺术史研究中心编：《艺术史研究》第12辑，中山大学出版社，2010年；毛阳光：《洛阳新出隋〈安备墓志〉考释》，《考古与文物》2011年第5期；葛承雍：《番僧入华来：胡汉中国与外来文明·宗教卷》，生活·读书·新知三联书店，2020年。
5. 采自［意］康马泰：《入华粟特人葬具上的翼兽及其中亚渊源》，载荣新江、罗丰主编：《粟特人在中国：考古发现与出土文献的新印证》，科学出版社，2016年；葛承雍：《胡马度阴山：胡汉中国与外来文明·民族卷》，生活·读书·新知三联书店，2020年，第74页。
6. 张庆捷：《胡商、胡腾舞与入华中亚人：解读虞弘墓》，北岳文艺出版社，2010年，第75—132页。

图 3-1-11 入华粟特人石葬具中戴鸟形冠及饰展翼冠人物形象

1—5.山西太原隋代虞弘墓戴鸟形冠人物及局部图　6、7.陕西西安北周史君墓戴展翼冠人物
8.河南洛阳隋代安备墓石榻戴展翼冠骑马人物

武士帽冠头饰源流研究

图 3-1-12 中亚片治肯特粟特壁画贵族形象及局部图

弗利尔美术馆藏安阳北齐围屏石榻底座[1]（图 3-1-13），左右两侧持三叉戟的神祇都戴展翼冠，且皆在冠前饰有波斯式日月装饰。美国纽约大都会博物馆藏北齐石榻底座[2]（图 3-1-14），左侧神祇冠前为日月装饰，右侧神祇戴展翼冠，冠前亦有日月装饰。这类位于石葬具两边且脚踩鬼、兽的神祇，是祆教的战神，其构图、位置受佛教毗沙门天影响。近年发掘的河南安阳隋代麹庆夫妇墓[3]（图 3-1-15），出土含有丰富西方文化因素的石棺床。前挡部分的图像题材与风格，皆与前述入华粟特人石葬具颇为相似。其中右侧神王头戴展翼冠，冠前饰有日月纹，而且冠后也是扬起两条飘带。

　　沈睿文先生指出，北周史君墓石椁正面浮雕两尊四臂神，所处位置与北周墓葬中置于墓门处的镇墓武士俑相当；该四臂神双脚踏于其下蹲踞小鬼上托的双手之上，构图与脚踏夜叉鬼的毗沙门天王同，汉地墓葬中的镇墓武士源自毗沙门天的影响[4]。从构图及图像所处位置来看，史君石堂该神应具备墓葬中源

1. 李梅田、黄晓赢：《弗利尔美术馆石棺床与响堂山石窟皇帝陵藏》，《美术研究》2021 年第 1 期。
2. 笔者拍摄于美国弗利尔美术馆及大都会博物馆。亦可参见［日］曾布川宽、冈田健编：《世界美术大全集·三国南北朝卷（东洋编 3）》，小学馆，2000 年；林圣智：《图像与装饰：北朝墓葬的生死表象》，台湾大学出版社中心，2019 年，第 224—270 页。
3. 安阳市文物考古研究所等：《河南安阳隋代麹庆夫妻合葬墓的发掘》，《考古学报》2023 年第 3 期。
4. 沈睿文：《唐镇墓天王俑与毗沙门信仰推论》，载樊英峰主编：《乾陵文化研究（五）》，三秦出版社，2010 年。亦可参见沈睿文：《墓葬中的礼与俗》，上海古籍出版社，2022 年，第 103—122 页。

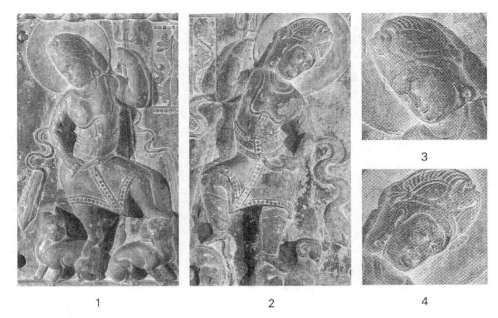

图 3-1-13 美国弗利尔美术馆藏安阳北齐入华粟特人墓石刻神祇像及局部

图 3-1-14 美国纽约大都会博物馆藏北齐石榻底座神祇像及局部

自毗沙门天的天王俑相同的性质与功用。在祆教中与毗沙门天功能相同的神祇是战神，史君石堂的四臂神实为祆教之战神，其采取与佛教毗沙门天类似之构图与位置，正是祆教受到佛教渗透的体现[1]。

---

1. 沈睿文：《安禄山服散考》，上海古籍出版社，2015 年，第 44—46 页。

武士帽冠头饰源流研究

1

2

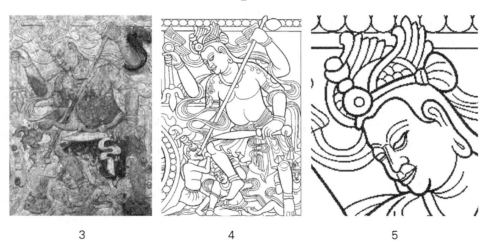

3   4   5

图 3-1-15 河南安阳隋代麹庆夫妇墓出土石棺床局部

1、2. 石棺床前挡石刻及线图　3、4. 右侧神王像及线图　5. 神王所戴展翼冠图

　　粟特石葬具中战神与毗沙门天王都戴饰展翼冠，二者在冠制上也存在相互影响。粟特石葬具时代为北齐和北周，早于前述河南安阳隋代大住圣窟窟门两侧那罗延神王和迦毗罗神王，以及敦煌莫高窟第 338 窟初唐壁画中毗沙门天王（图 3-1-9），而后二者为目前所见较早戴饰展翼冠的天王。受波斯文化直接影响，

粟特贵族也戴饰展翼冠，见于北周史君墓、中亚片治肯特粟特壁画[1]。因此，佛教天王戴饰展翼冠可能是受粟特直接影响。源于波斯的鸟形冠，亦很可能由粟特人将其融入佛教艺术中。

《旧唐书》卷一九八《西戎传·拂菻》记载：

> 拂菻国，一名大秦，在西海之上，东南与波斯接，地方万余里，列城四百，邑居连属。其官宇柱栿，多以水精、瑠璃为之。……其王冠形如鸟举翼，冠及璎珞，皆缀以珠宝，着锦绣衣，前不开襟，坐金花床。[2]

此文所记东罗马王冠"形如鸟举翼"，应也是波斯系统展翼冠。受波斯影响，中亚及西亚不少国家帝王及贵族，皆有使用鸟形冠、展翼冠的传统。于此文献亦可知，唐代人眼中饰展翼冠为西方帝王之冠，且当时入华粟特首领及贵族也将其作为礼冠，故唐太宗时融合幞头制"翼善冠"或与此有所关联。

三、突厥冠饰朱雀之源

唐代晚期毗沙门天王像朱雀冠的形制为冠前饰朱雀。如日本教王护国寺藏唐木造毗沙门天王像[3]（图3-1-16，1—4）、重庆大足石窟北山第5窟唐代毗沙门天王像[4]（图3-1-16，5）帽冠前部都装饰站立的朱雀。有学者指出，中原这类毗沙门天王朱雀冠输入突厥，影响突厥第二汗国王冠之冠前饰朱雀的形制[5]。中原这类毗沙门天王形象出现时代晚至8世纪后期，而唐代武官冠前饰

1. A. M. Belenitskii, B. I. Marshak, and Mark J. Dresden, *Sogdian Painting*, University of California Press, 1981.
2. 《旧唐书》卷一九八《西戎传·拂菻》，中华书局，1975年，第5313—5314页。
3. ［日］奈良国际博物馆编：《东亚诸佛》，株式会社天理时报社，1996年，第58—59页。
4. ［日］田边胜美、前田耕作编：《世界美术大全集·中亚卷（东洋编15）》，小学馆，1999年，图262。
5. 陈凌：《突厥汗国与欧亚文化交流的考古学研究》，上海古籍出版社，2013年，第174—180页。

图 3-1-16　唐代毗沙门天王像

1—4. 日本教王护国寺藏唐木造毗沙门天王像及局部图　5. 重庆大足石窟北山第 5 窟唐代毗沙门天王像

朱雀的鹖冠初唐时已盛行，因此，突厥王冠可能还受到唐代武官朱雀冠影响。

　　阙特勤朱雀冠形制（图 3-1-17，2、3）与毗伽可汗王冠（图 3-1-17，1）基本相同[1]，组成王冠的 5 个竖起部分的宽度、高宽、间隔、比例等有所区别，应是由于石雕材质所限及雕刻工匠认识水平等原因而形成。阙特勤石像所戴冠与唐武官鹖冠形制外观较为相似，这与唐王朝派张去逸、吕向等人参与阙特勤陵园建造有关。

　　《旧唐书》卷一九四《突厥传上》载：

　　　　二十年，阙特勤死，诏金吾将军张去逸、都官郎中吕向赍玺书入蕃吊祭，并为立碑，上自为碑文，仍立祠庙，刻石为像，四壁尽画其战阵之状。二十三年，小杀为其大臣梅录啜所毒，药发未死，先讨斩梅录啜，尽灭其党。既卒，国人立其子为伊然可汗。诏宗正卿李佺往申吊祭，并册立伊然，为立碑庙，仍

---

1. 采自林梅村：《松漠之间：考古新发现所见中外文化交流》，生活·读书·新知三联书店，2007 年，彩版 11；陈凌：《突厥汗国与欧亚文化交流的考古学研究》，上海古籍出版社，2013 年，书前彩版。

1   2   3

图 3-1-17 突厥毗伽可汗王冠及阙特勤石像

1.毗伽可汗王冠　2、3.阙特勤石像正、侧面

令史官起居舍人李融为其碑文。[1]

《阙特勤碑》也刻有相似记载可为互证，北 13 行："汉人可汗的皇姨弟张将军，则来建造陵墓、处理雕刻、绘画事宜，以及置备铭文石碑。"东北面载："阙特勤于羊年的十七日去世。我们在九月二十七日举行他的葬礼。其陵墓、雕刻、绘画和碑铭竣工于猴年七月二十七日。"[2]

由此可推测，阙特勤石像应是由中土工匠所制，石刻风格、鹖冠形制都与唐代陵前石像接近。霍巍先生指出突厥王冠与吐蕃王冠的形制和装饰特点带有中亚及北方草原文化的风格，但出现在这些王冠的金银质冠叶上所装饰的缠枝花草、忍冬纹、鱼地纹的纹样，却均为唐风，将中原文化与北方草原

---

1. 《旧唐书》卷一九四《突厥传上》，中华书局，1990 年。
2. 《毗伽可汗碑》也记载唐代工匠参与其陵园建造，北 14 行载："此后，我遣人从汉人可汗那里召来许多画师和雕匠。汉人可汗并未拒绝我的要求，派来了宫廷画师。我令他们建造了一座非凡的陵墓，在（陵墓的）内外都装饰了精妙的绘画。"碑铭参见陈凌：《突厥汗国与欧亚文化交流的考古学研究》，上海古籍出版社，2013 年，第 100 页。

武士帽冠头饰源流研究

93

图 3-1-18 青海乌兰县泉沟吐蕃墓葬出土鎏金银王冠

文化的传统融为一体[1]。近年发掘的青海乌兰县泉沟吐蕃墓葬出土了完整鎏金银王冠[2]（图 3-1-18），冠上装饰的龙纹及凤鸟纹样皆为中原风格。毗伽可汗金冠形制有突厥本民族特点，在冠前饰朱雀则是受中原影响，冠上纹饰唐风明显。

---

1. 霍巍：《突厥王冠与吐蕃王冠》，《考古与文物》2009 年第 5 期。

2. 中国社会科学院考古研究所等：《青海乌兰县泉沟一号墓发掘简报》，《考古》2020 年第 8 期；朱建军：《凤舞盛世：吐蕃金冠与海外文物所见唐代凤鸟纹饰》，《中国社会科学报》2023 年 6 月 9 日第 A05 版。

第二节　兽头盔帽

一、武士形象所见兽头盔帽

　　唐代墓葬出土陶俑、石窟寺壁画、石刻中常见头戴狮、虎等兽头盔帽的武士形象。其中以墓葬所出土武士俑最为多见，如河南偃师前杜楼唐墓[1]（图3-2-1，1）、河南偃师北窑乡唐墓[2]（图3-2-1，2）、陕西西安东郊洪庆唐墓[3]（图3-2-1，3）、山西太原一电厂唐墓[4]（图3-2-1，4）、山西长治唐墓[5]（图3-2-1，5）、辽宁朝阳七道泉子唐墓[6]（图3-2-1，6）、陕西乾县懿德太子墓[7]（图3-2-1，7）、陕西富平节愍太子墓[8]（图3-2-1，8）、河南洛阳关林唐墓皆有出土。邢义田[9]、谢明良[10]、霍巍[11]、沈睿文[12]等学者，对兽头盔帽的起源及传播相关问题论之尤详。

1. 洛阳文物管理局编，俞凉亘、周立主编：《洛阳陶俑》，北京图书馆出版社，2005年，第286页。
2. 中国社会科学院考古研究所河南二队：《河南偃师县杏园村的四座北魏墓》，《考古》1991年第9期。
3. 葛承雍：《唐韵胡音与外来文明》，中华书局，2006年，第236页。
4. 太原市文物考古研究所：《山西太原一电厂唐墓出土彩绘青瓷器》，《文物》2019年第8期。
5. 山西省文管会、山西省考古所：《山西长治北石槽唐墓》，《考古》1962年第2期。
6. 朝阳市龙城区博物馆：《辽宁朝阳七道泉子唐墓发掘简报》，《文物》2018年第6期。
7. 陕西省考古研究编：《唐懿德太子墓发掘报告》，科学出版社，2016年，第331页。
8. 陕西省考古研究所、富平县文物管理委员会：《唐节愍太子墓发掘报告》，科学出版社，2004年，第82页。
9. 邢义田：《赫拉克利斯（Heracles）在东方：其形象在古代中亚、印度与中国造型艺术中的流播与变形》，载邢义田：《画为心声：画像石、画像砖与壁画》，中华书局，2012年；邢义田：《希腊大力士流浪到中国？》，载邢义田：《立体的历史：从图像看古代中国与域外文化》，生活·读书·新知三联书店，2014年。
10. 谢明良：《希腊美术的东渐？从河北献县唐墓出土陶武士俑谈起》，《故宫文物月刊》第15卷第7期。
11. 霍巍：《吐蕃"告身制度"的考古学新印证》，载荣新江、罗丰主编：《粟特人在中国：考古发现与出土文献的新印证》，科学出版社，2016年。
12. 沈睿文：《安禄山服散考》，上海古籍出版社，2015年，第48—62页。

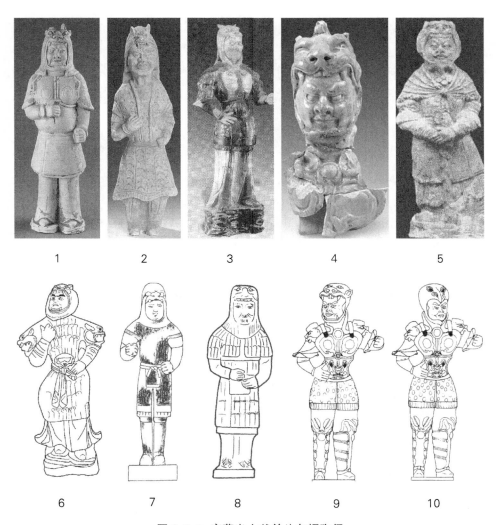

图 3-2-1 唐墓出土戴兽头盔帽陶俑

1. 河南偃师前杜楼唐墓　2. 河南偃师北窑乡唐墓　3. 陕西西安东郊洪庆唐墓　4. 山西太原一电厂唐墓

5. 山西长冶唐墓　6. 辽宁朝阳七道泉子唐墓　7. 陕西乾县懿德太子墓　8. 陕西富平节愍太子墓

9、10. 河南洛阳关林唐墓

　　北朝佛教造像底座也可见到此类戴兽头盔帽的神王形象。北齐天保元年

（550）长孙氏造阿弥陀像底座左侧面神王[1]（图 3-2-2），便是头戴虎形盔帽。

---

1. 何利群：《邺城遗址出土北齐石塔及相关图像的探讨》，《考古》2021 年第 5 期。

除了虎形、狮形盔帽，河南洛阳关林唐墓[1]（图3-2-1，10）、辽宁朝阳唐代孙则墓[2]（图3-2-3，1）还出土戴鹰形盔帽的陶俑。文献记载，南北朝时军队中就有戴虎头帽勇士，《南齐书·魏虏传》载：

> 宏引军向城南寺前顿止，从东南沟桥上过，伯玉先遣勇士数人着斑衣虎头帽，从伏窦下忽出，宏人马惊退。[3]

陕西唐墓出土戴虎形头盔甲骑具装俑[4]（图3-2-3，3、4），不属于站立的镇墓武士俑，属骑马出行仪仗俑[5]，应是唐代武士戴虎形盔帽的表现。

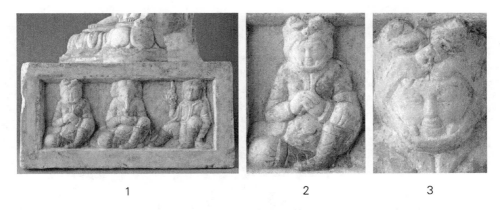

1	2	3

图 3-2-2 北齐天保元年（550）长孙氏造阿弥陀像底座左侧面神王及局部图

---

1. 洛阳市文物工作队：《洛阳关林唐墓发掘报告》，《考古学报》2008年第4期。
2. 辽宁省文物考古研究所等：《朝阳隋唐墓葬发现与研究》，科学出版社，2012年，图版四。
3.《资治通鉴·齐明帝建武四年》记载相似："伯玉使勇士数人，衣斑衣，戴虎头帽，伏于窦下，突出击之。"元胡三省注："虎头帽者，帽为虎头形。"
4. 乾陵博物馆：《丝路胡人外来风：唐代胡俑展》，文物出版社，2008年，第164—165页。
5. 唐代骑兵在突厥人影响下，多是轻骑兵。军队建制中存在一定数量甲骑具装的重装骑兵，多在仪仗中使用。参见杨泓、李力：《中国古兵二十讲》，生活·读书·新知三联书店，2013年；陈丽萍：《试谈唐懿德太子墓出土的甲骑具装俑的历史价值》，《文博》2011年第6期。

1　　　　　　　2

3　　　　　　　4

图 3-2-3　唐墓出土戴兽头盔帽陶俑

1、2.辽宁朝阳孙则墓戴鹰、虎形头盔武士俑　3、4.陕西唐墓出土戴虎形头盔甲骑具装俑骑马俑及局部图吐蕃、南诏武士也有披虎皮的习俗。《新唐书·吐蕃传》载："坡皆丘墓。旁作屋，赭涂之，绘白虎，皆豭贵人有战功者，生衣其皮，死以旌勇。"[1] 向达《蛮书校注》蛮夷风俗第八载：

> 贵绯紫两色。得紫后有大功则得锦。又有超等殊功者，则得全披波罗皮。其次功则胸前背后得披，而阙其袖。又以次功，则胸前得披，并阙其背，谓之大虫皮，亦曰波罗皮。[2]

敦煌莫高窟 144 窟有"大虫皮"的题记。吐蕃告身制度还与虎皮肩章、帽子、衣甲等共存[3]。

二、兽头盔帽源流

随着公元前 4 世纪的亚历山大大帝的东征，以及公元前后一世纪罗马帝国在地中海东部的扩张，希腊神话中头戴狮头盔的赫拉克利斯[4]（图 3-2-4，1、2）的形象传到中亚和中亚以东各地。犍陀罗艺术是从希腊化的大夏艺术直接发展而来，赫拉克利斯变成了守护佛祖释迦牟尼的执金刚神（图 3-2-4，3）。印度河西北的犍陀罗地区（今巴基斯坦北部和阿富汗东部），处在欧亚大陆和印度次大陆各方文化往来的交叉口，在公元前后被斯基泰、印度、希腊、安息、贵霜王国先后统治。公元 1 世纪以后，此地佛教艺术受到希腊化文化的强烈影响，

---

1. 《新唐书》卷一四一《吐蕃传》，中华书局，1975 年，第 6103 页。
2. 向达：《蛮书校注》蛮夷风俗第八，中华书局，1962 年，第 208 页。
3. 霍巍：《吐蕃"告身制度"的考古学新印证》，载荣新江、罗丰主编：《粟特人在中国：考古发现与出土文献的新印证》，科学出版社，2016 年。霍巍先生指出这类用狮皮或虎皮作为勇士服饰的做法，和西亚、中亚一带武士、战神的服饰特点可能有密切的关系。文献中记载的勃律、布露、波路等西域的国名、地名，有可能是吐蕃人波罗一词直接或者间接的来源。
4. 采自［美］约翰·格里菲思·佩德利：《希腊艺术与考古》，李冰清译，广西师范大学出版社，2005 年，第 203 页；大英博物馆、首都博物馆编：《世界文明珍宝：大英博物馆之 250 年藏品》，文物出版社，2006 年，第 128 页。

1   2   3

图 3-2-4 希腊、罗马及犍陀罗文物

1. 希腊彩绘罐（约公元前 6 世纪）2. 罗马雕塑（2 世纪）3. 犍陀罗执金刚神（2—3 世纪）

变形的赫拉克利斯是其中一个例证[1]。

    克孜尔石窟在今新疆库车和拜城县之间，是古龟兹境内最大的佛教石窟群。宿白先生指出：

> （克孜尔石窟）处在葱岭以西阿富汗巴米安（扬）石窟群和新疆以东诸
> 石窟群之间，它所保存早期壁画的洞窟的数量，远远超过了巴米安（扬），
> 而其第一阶段的洞窟的具体年代至少要早于新疆以东现存最早的洞窟约一百
> 年。[2]

    可见克孜尔石窟在佛教艺术传播上的关键地位。前文论及的第 175 窟的时代属于 4 世纪末到 5 世纪，主室正壁上的执金刚神壁画[3]（图 3-2-5，1、

---

1. 邢义田：《赫拉克利斯（Heracles）在东方：其形象在古代中亚、印度与中国造型艺术中的流播与变形》，载邢义田：《画为心声：画像石、画像砖与壁画》，中华书局，2012 年。
2. 宿白：《新疆拜城克孜尔石窟部分洞窟的类型与年代》，载宿白：《中国石窟寺研究》，文物出版社，1996 年，第 37 页。
3. 新疆维吾尔自治区文物管理委员会等编：《中国石窟·克孜尔石窟（第三卷）》，文物出版社，1997 年，图 17。

1　　　　　　　　　　　　　　2

图 3-2-5　新疆克孜尔石窟第 175 窟执金刚神及线图（4 世纪末至 5 世纪）

2），和大英博物馆藏 2—3 世纪犍陀罗执金刚神浮雕石像的造型十分相似[1]（图
3-2-4，3），头戴狮或虎头盔帽。与此相似的护法天王在离克孜尔石窟不远、
时代大体相同的森木赛姆石窟第 26 窟曾出现[2]。这样的帽式由此东传，最迟在
北周时（561—581）到了甘肃天水麦积山石窟第 4 窟[3]。赫拉克利斯的两大造
型特征：棍棒和带爪的狮皮头盔，或完整或分散，仍保存在南北朝的佛教造像
和隋唐时期不同地区的武士陶俑身上。

　　头戴虎或狮头盔帽的武士形象除出现于墓中，仍继续以天龙八部干闼婆之
姿出现在盛唐的佛教石窟中，如甘肃安西榆林窟第 15 窟力士像[4]（图 3-2-6，
1）、安西榆林窟第 25 窟干闼婆像[5]（图 3-2-6，2）。墓中虎或狮头帽武士的
造型借自佛祖旁的干闼婆。四川广元千佛崖多宝窟和皇泽寺大佛窟中，都有头

1. 采自［日］东京国立博物馆编：《亚历山大大帝与东西文明交流展》，NHK，2003 年，第 139 页。
2. 林瑛珊、祁协玉编：《中国新疆壁画全集5》，辽宁美术出版社，1995 年，图 10。
3. 邢义田：《希腊大力士流浪到中国？》，载邢义田：《立体的历史：从图像看古代中国与域外文化》，
生活·读书·新知三联书店，2014 年，第 196 页。
4. 敦煌研究院编：《中国石窟·安西榆林窟》，文物出版社，1997 年，图 6。
5. 敦煌研究院编：《中国石窟·安西榆林窟》，文物出版社，1997 年，图 26。

1   2

图 3-2-6 唐代石窟壁画及佛教石刻所见武士形象

1. 甘肃安西榆林窟第 15 窟力士像 2. 甘肃安西榆林窟第 25 窟干闼婆像

戴虎或狮头帽的干闼婆[1]。

　　唐墓里的武士俑，多放置于墓道和墓门的两侧，为镇墓俑。它们的角色很像佛窟壁画或雕塑中担任护法的执金刚神或干闼婆。由此可见，赫拉克利斯在进入中国之后，其作为勇士和保护者的形象仍然不变。

三、兽头帽盔与粟特人之关系

　　墓中用戴兽头盔帽武士俑，可能与粟特胡人信仰、习俗有关。中国国家博物馆藏北朝入华粟特人石堂，在四角高浮雕的 4 尊武士像（图 3-2-7），其造型在过去的粟特贵族墓未出现过[2]。他们有的双手持长剑站立，有的手置胸前

1. 邢义田：《赫拉克利斯（Heracles）在东方：其形象在古代中亚、印度与中国造型艺术中的流播与变形》，载邢义田：《画为心声：画像石、画像砖与壁画》，中华书局，2012 年。
2. 吕章申：《中国国家博物馆百年收藏集粹》，安徽美术出版社，2014 年，第 740 页；孙博：《国博石堂的年代、匠作传统和归属》，载巫泓、朱青生、郑岩主编：《古代墓葬美术研究（第四辑）》，湖南美术出版社，2017 年。

图 3-2-7　中国国家博物馆藏北朝入华粟特人石堂及局部图

行礼，还有的侧身着甲抱剑，形象各不相同。虽然他们并非史君、安备等其他北朝粟特裔石棺上的执金刚神、护法力士、干闼婆天神等，但象征保卫者的勇士角色未变[1]。

　　4 尊武士像的确特殊，值得注意的是，其中即有戴狮（虎）头盔帽武士形象（图 3-2-7）。这应是目前墓葬中出现的最早一例，且刻于入华粟特人石葬具上，可推测唐墓中出现戴狮、虎等兽头盔帽的武士形象，应与粟特人信仰、习俗有关。

1. 葛承雍：《北朝粟特人大会中祆教色彩的新图像：中国国家博物馆藏北朝石堂解析》，《文物》2016 年第 1 期。亦载葛承雍：《番僧入华来：胡汉中国与外来文明·宗教卷》，生活·读书·新知三联书店，2020 年。

唐代戴兽头盔帽的武士俑集中出现在唐时河北、山东地区，应是与北方草原丝路相关联。沈睿文先生指出，赫拉克利斯武士俑可能是该地区祆教徒心目中的战神形象。赫拉克利斯源自西方种族，包括安禄山在内的粟特人选择接受该形象也比较顺理成章。安禄山此举与东征的亚历山大大帝及罗马皇帝自比为赫拉克利斯相仿（图 3-2-8）[1]。可推测安禄山不仅以战神自居，甚而戴狮（虎）皮头盔以战神的形貌示人。唐代河北、山东地区墓葬中此类陶俑的出现，或缘于安禄山所扮战神的形象影响到人们的认识，进而出现在该地区的墓葬[2]。

前述辽宁朝阳孙则墓出土戴鹰、虎形头盔武士俑也可为例证（图 3-2-3，1、2）。辽宁朝阳即唐代柳城、营州，这里是安禄山、史思明的出生地，当时聚集有大量粟特人。

图 3-2-8 石雕亚历山大击败波斯场景及局部图（公元前 4 世纪晚期）

---

1. 采自［英］理查德·西奥多·尼尔：《希腊世界的艺术与考古》，翁海贞译，华中科技大学出版社，2020 年，第 364 页。
2. 沈睿文：《安禄山服散考》，上海古籍出版社，2015 年，第 48—62 页。

朝阳作为东北重镇，早在十六国时期就通过草原丝路与西方贸易交往。朝阳北燕冯素弗墓[1]出土的几件产于罗马的玻璃器，为十六国所仅见。这些玻璃器可能由草原丝路输入北燕[2]，因为北魏控制了经过中原的丝路[3]。朝阳在唐代称为营州、柳城，地处幽州东北，是华北通向东北地区的要地。唐朝设平卢节度使于此以经营东北地区。在营州附近的敖汉旗李家营子唐墓中出土的一组粟特银器[4]，反映出营州一带粟特商人的活动[5]。诚如宿白先生所论：

> 营州多居杂胡即粟特人，当时长城东部内外，粟特人分布点很多，这种情况从北朝就开始了，7、8世纪数量更多，这批中亚金银器在这里出土应和营州多杂胡是有关系的。[6]

由此可见，营州粟特胡人由来已久且人口聚集。营州在初唐开始大量迁入粟特人。武周万岁登封元年（696）武则天"大发河东道及六胡州、绥、延、丹、隰等州稽、胡精兵，悉赴营州"[7]，大量六胡州等地的粟特人进入营州。开元五年（717）"更于柳城筑营州城……并招辑商胡，为立店肆，数年间营州仓廪颇实，居人渐殷"[8]，唐朝的措施应吸引了一些粟特人前来。营州面对契丹和奚两个东北强蕃，唐朝利用这些能征善战的粟特人来对付两蕃。安禄山和史思明等人正

1. 黎瑶渤：《辽宁北票县西官子北燕冯素弗墓》，《文物》1973年第3期；辽宁省博物馆编：《北燕冯素弗墓》，文物出版社，2015年。
2. 高伟、翟晓兰：《从"鸭形玻璃注"看北燕时期中西交流》，《文博》2009年第5期。
3. 韦正：《魏晋南北朝考古》，北京大学出版社，2013年，第537页。
4. 敖汉旗文化馆：《敖汉旗李家营子出土金银器》，《考古》1978年第2期；齐东方：《李家营子出土的粟特银器与草原丝绸之路》，《北京大学学报》1992年第2期。
5. 荣新江：《北朝隋唐粟特人之迁徙及其聚落》，载荣新江：《中古中国与外来文明（修订版）》，生活·读书·新知三联书店，2014年。
6. 宿白：《考古发现与中西文化交流》，文物出版社，2012年，第94页。
7. 陈子昂：《上军国机要事八条》，载《全唐文》卷二一一，中华书局，1983年，第2135页。
8. 《旧唐书》卷一八五下《宋庆礼传》，中华书局，1975年。参见陈寅恪：《唐代政治史述论稿》，上海古籍出版社，1982年，第32页。

是在和东北两蕃的战斗中成长起来的[1]。

　　荣新江先生指出，营州的粟特人聚落，由于安禄山[2]、史思明[3]原本都是"营州杂种胡"而早为人知。安禄山手下将领李怀仙，也为"柳城胡"。颜真卿所记的康阿义屈达干[4]，也是从突厥率部落降唐后著籍"柳城"的胡人[5]。开元、天宝年间，柳城地区形成相当规模的粟特胡人聚集区。此地聚落保存的时间较长，因而形成了以安禄山为首的胡人集团[6]。由于朝阳唐代时粟特胡人聚集，该地还出土了粟特人形象石俑[7]。此地出土戴兽头盔帽武士形象陶俑，正可佐证其出现于墓中与草原丝路[8]以及粟特人有关。

1. 荣新江：《安禄山的种族、宗教信仰及其叛乱基础》，载荣新江：《中古中国与粟特文明（修订版）》，生活·读书·新知三联书店，2014年。
2.《安禄山事迹》卷上记："安禄山，营州杂种胡也。……长而奸贼残忍，多智计，善揣人情，解九蕃语，为诸蕃互市牙郎。"参见姚汝能：《安禄山事迹》，上海古籍出版社，1983年，第1页。
3.《安禄山事迹》卷上原注云："史思明，营州杂种胡也，本名'窣干'，玄宗改为'思明'。瘦小，少髭须，深目鸢肩，性刚急。与禄山同乡，生较禄山先一日。"参见姚汝能：《安禄山事迹》，上海古籍出版社，1983年，第6页。
4.《全唐文》卷三四二，中华书局，1983年。
5. 荣新江：《北朝隋唐粟特人之迁徙及其聚落》，载荣新江：《中古中国与外来文明（修订版）》，生活·读书·新知三联书店，2014年。
6. 荣新江：《从聚落到乡里——敦煌等地胡人集团的社会变迁》，载荣新江：《中古中国与粟特文明》，生活·读书·新知三联书店，2014年。
7. 霍巍、赵其旺：《辽宁朝阳黄河路唐墓石俑族属考》，《社会科学战线》2019年第6期。
8. 齐东方先生指出朝阳地区的隋唐墓带有西北十六国时期墓葬带照壁的传统，是通过北方草原之路传播。参见齐东方：《隋唐环岛文化的形成和展开：以朝阳隋唐墓研究为中心》，载王小甫主编：《盛唐时代与东北亚政局》，上海辞书出版社，2003年。

第三节　武士红抹额

唐代女性作为系绑头发及装饰之用的束发带，研究者多称为抹额[1]，与当时武士所用抹额并论。然其形制及束法，皆不同于武士所有抹额，而与入华胡人常用的束发带相同，二者应关系密切，值得进一步对比研究。因此可对文物图像资料所见唐代女性、吐蕃人、入华胡人、中亚粟特人形象头上所系束发带的形制、渊源、相互交流与影响等问题进行探讨。

一、戴红抹额武士形象

唐代武士的红抹额，与唐代女性的束发带头饰，在形制、系绑方式上都有所区别。研究者一般把女性束发带也称为抹额，而唐代文献记载的抹额，应专指男性特别是武士的首服。

如杜牧《上宣州高大夫书》载："娄侍中师德，亦进士也……以红抹额应猛士诏，躬衣皮袴，率土屯田。"[2]《新唐书·娄师德传》也有相似记载："后募猛士讨吐蕃，乃自奋，戴红抹额来应诏。"[3]两文献皆记载唐代红抹额与"猛士"相搭配，是勇武之士的首服。

---

1. 王彬：《唐墓壁画中的妇女发饰》，《东南文化》2004 年第 6 期；朱笛：《女儿爱作男装样：唐代的男装女子》，《中国国家博物馆馆刊》2018 年第 1 期。
2. 《全唐文》卷七五二，中华书局，1983 年。
3. 《新唐书》卷一〇八《娄师德传》，中华书局，1975 年。

图 3-3-1 唐墓壁画及陶俑所见系抹额武士形象

1、2.陕西乾县章怀太子墓壁画武士像及局部图　3、4、5、6.陕西乾县懿德太子墓骑马俑及局部图　7.陕西乾县唐僖宗靖陵壁画持戟武士像　8.陕西富平县节愍太子墓壁画武士像

唐代武士所戴红抹额形制，于壁画及陶俑常见，如陕西乾县章怀太子墓壁画武士仪卫[1]（图3-3-1，1、2）、陕西乾县懿德太子墓骑马俑[2]（图3-3-1，3—6）、陕西乾县唐僖宗靖陵壁画持戟武士（图3-3-1，7）、陕西富平县节愍太子墓壁画武士（图3-3-1，8）等。多与黑色幞头合用，扎在幞头之外。先裹幞头，再将抹额巾沿额头向后裹，并将巾角反挽于前打结[3]。从图像看抹额多为红色，与文献所载相符。

除了武士，乐舞者也使用红抹额，如陕西西安唐代韩休墓壁画中跳胡腾舞者及奏乐者多系抹额[4]（图3-3-2）。《旧唐书》卷一〇五《韦坚传》记载：

> （陕县尉）成甫又作歌词十首，自衣缺胯绿衫，锦半臂，偏袒膊，红罗抹额，于第一船作号头唱之。和者妇人一百人，皆鲜服靓妆，齐声接影，鼓笛胡部以应之。[5]

乐舞者系"红罗抹额"，与韩休墓壁画正可相互印证。另外，韩休墓壁画所绘人物唯有右上角奏铜钹者一人系束发带，其前额有圆形装饰物且头后扬起两条飘带，此类额前装饰宝物的束发带是入华胡人所用形制[6]（图3-3-4）。可见，在唐代束发带与抹额是有明确区别的。唐代女性束发带与唐代男性武士、乐舞者所戴抹额形制不同，故笔者以为不宜称之为抹额。

二、唐代文物所见束发带女性形象

唐代陶俑、墓室壁画中常见头上系绑束发带的女性形象，其束发带的形制，

---

1. 陕西省博物馆、乾县文教局唐墓发掘组：《唐章怀太子墓发掘简报》，《文物》1972年第7期。
2. 陕西省考古研究编：《唐懿德太子墓发掘报告》，科学出版社，2016年，第213页。
3. 李怡：《西安地区唐墓壁画中卫士常服考辨》，《文博》2003年第3期。
4. 陕西省考古研究院等：《西安郭庄唐代韩休墓发掘简报》，《文物》2019年第1期。
5. 《旧唐书》卷一〇五《韦坚传》，中华书局，1975年，第3223页。
6. 参见葛承雍：《唐贞顺皇后（武惠妃）石椁浮雕线刻画中的西方艺术》，载葛承雍：《拂菻花乱彩：胡汉中国与外来文明·艺术卷》，生活·读书·新知三联书店，2020年。

武士帽冠头饰源流研究

图 3-3-2 陕西西安韩休墓壁画乐舞图戴红抹额乐舞人物

多数为织锦等织物制成的窄长条覆于额上，两边各接细丝带系于脑后。陕西礼泉县段简璧墓壁画所绘两位穿男装圆领袍侍女，长发挽髻于脑后，皆头系束发带，其中一人腰系鞢䩴带，带上悬短刀，乃效仿男子装束[1]（图 3-3-3，1、2、3）。陕西礼泉县新城大长公主墓壁画持蜡烛侍女，身穿圆领袍，腰带配鞶囊，头系束发带[2]（图 3-3-3，4、5）。陕西礼泉县韦贵妃墓壁画男装女子，圆领袍搭配黑色长靴且头系束发带[3]（图 3-3-3，6）。河南洛阳东郊十里铺村唐墓出土侍女俑，身穿红色圆领袍，挽发髻于脑后并系红色束发带[4]（3-3-3，7、8）。河南渭南市崇凝镇唐墓壁画男装仕女，挽起发辫并系红色束发带，弹奏源于西

1. 昭陵博物馆：《唐昭陵段简璧墓发掘简报》，《文博》1989 年第 6 期。线图采自陕西省考古研究所、富平县文物管理委员会：《唐节愍太子墓发掘报告》，科学出版社，2004 年，第 185 页。
2. 陕西省考古研究所等：《唐新城长公主墓发掘报告》，科学出版社，2004 年。
3. 采自徐光冀主编：《中国出土壁画全集·陕西（上）（第 6 卷）》，科学出版社，2012 年，第 214 页。关于昭陵陪葬墓壁画可参见昭陵博物馆等编：《古壁丹青：昭陵唐墓壁画集》，文物出版社，2023 年。
4. 洛阳市文物工作队：《河南洛阳市东郊十里铺村唐墓》，《考古》2007 年第 9 期。图采自洛阳文物管理局编，俞凉亘、周立主编：《洛阳陶俑》，北京图书馆出版社，2005 年，第 174 页。

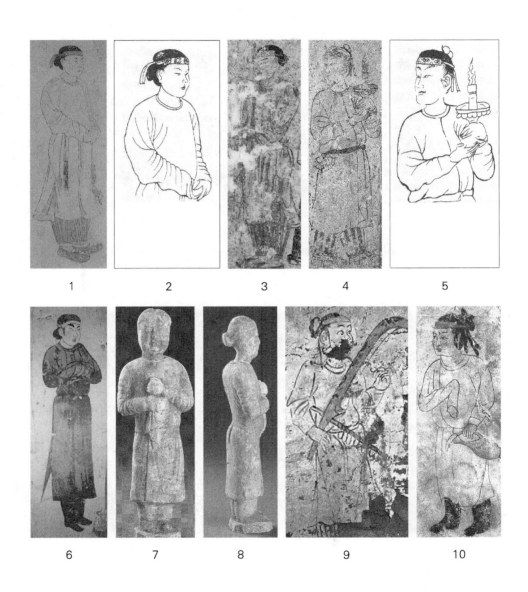

1   2   3   4   5

6   7   8   9   10

图 3-3-3　唐墓壁画及陶俑所见系束发带女性形象

1、2、3. 陕西礼泉县段蕳璧墓壁画及局部线图　4、5. 陕西礼泉县新城大长公主墓壁画及局部线图
6. 陕西礼泉县韦贵妃墓壁画　7、8. 河南洛阳东郊十里铺村唐墓陶俑正面及侧面　9. 河南渭南市崇凝镇
唐墓弹箜篌仕女　10. 陕西礼泉县安元寿墓壁画持胡瓶侍女　11、12. 辽宁朝阳黄河路唐墓骑马持胡瓶
女俑及局部　13. 陕西西安李爽墓壁画奏乐仕女　14. 陕西西安南郊唐史君夫人颜氏墓持胡瓶女俑

域的箜篌[1]（图 3-3-3，9）。陕西礼泉县安元寿墓壁画侍女身穿圆领袍，脚踏
黑皮靴，红色束发带系绑发髻，手持中亚和西亚盛行的酒具胡瓶[2]（图 3-3-3，
10）。辽宁朝阳黄河路唐墓出土骑马仕女俑，头发中分，至头顶挽成低发髻，
前额系束发带，打结垂于脑后，身着圆领窄袖袍并穿黑色皮靴踩于马镫，两手
也是握持胡瓶置于胸前[3]（图 3-3-3，11、12）。

　　陕西西安李爽墓壁画所绘穿男装奏乐女子，黑色束发带于脑后打结并垂下
两条长飘带搭于肩部[4]（图 3-3-3，13），为另一种形制，但本源应相同。与
此相近者还有陕西西安南郊唐史君夫人颜氏墓出土持胡瓶侍女俑，头发于脑后

1. 程旭：《长安地区新发现的唐墓壁画》，《文物》2014 年第 12 期。
2. 昭陵博物馆：《唐安元寿夫妇墓发掘简报》，《文物》1988 年第 12 期。
3. 辽宁省文物考古研究所、朝阳市博物馆：《辽宁朝阳市黄河路唐墓的清理》，《考古》2001 年第 8 期。
4. 陕西历史博物馆编：《唐代壁画珍品馆导览》，文物出版社，2020 年，第 44 页。

梳辫，辫梢上折于头顶挽成矮髻，额系红色束发带，系结后垂下两条飘带搭于左肩[1]（图3-3-3，14）。

上述唐代系束发带女性形象，所搭配服饰都为圆领袍，即穿男装，并有腰系鞢鞢带悬短刀者，也有持胡瓶骑马出行形象，亦有弹奏西域箜篌的仕女。此类搭配装扮及举止行为，从侧面佐证系束发带应非中土传统女性头饰，而是效仿唐代男子的装束。

三、中亚胡人束发带习俗及其传播

头系束发带的装束在唐代陶俑、石刻中出现的胡人形象也可见到。河南洛阳唐代安菩夫妇墓胡俑[2]（图3-3-4，1、2），短发且系红色束发带，穿翻领胡袍，作牵驼或牵马状。安菩及其妻何氏均为粟特人，墓中还出土戴卷檐尖顶帽、穿翻领袍骑马胡人俑，两个胡俑很可能即表现粟特胡商的形象。胡俑的翻领袍下部都卷起塞于腰带间，这正是唐代诗人李端《胡腾儿》所记胡人"桐布轻衫前后卷"装束。此类系束发带胡人形象还有陕西西安唐墓出土牵驼胡俑[3]（图3-3-4，3）、北京故宫藏唐代骑马抱猎犬狩猎胡俑[4]（图3-3-4，4）、甘肃庆城唐代穆泰墓牵驼胡俑[5]（图3-3-4，5、6）、美国纳尔逊博物馆藏牵驼胡俑[6]（图3-3-4，7）、唐兴福寺碑碑侧线刻跳胡腾舞之胡人（图3-3-4，8）、宁夏盐池何氏墓地M6石墓门线刻跳胡腾舞胡人[7]（图3-3-4，9）等，可见为唐代入华胡人常用的束发之物。唐代女性束发带的形制及系带方式、服饰搭配风格意趣，皆与此类胡人基本相同，且唐以前汉地女性未见此类特殊头饰，故笔

1. 陕西省考古研究所：《西安南郊唐史君夫人颜氏墓发掘简报》，《考古与文物》2007年第1期。
2. 洛阳市文物考古研究院编：《洛阳龙门安菩夫妇墓》，科学出版社，2017年，第61页。
3. 乾陵博物馆：《丝路胡人外来风：唐代胡俑展》，文物出版社，2008年，第41页。
4. 冯贺军主编：《故宫收藏：你应该知道的200件古代陶俑》，紫禁城出版社，2007年，第157页。
5. 庆阳市博物馆等：《甘肃庆城唐代游击将军穆泰墓》，《文物》2008年第3期。
6. 图片为笔者拍摄于美国纳尔逊博物馆。
7. 宁夏回族自治区博物馆：《宁夏盐池唐墓发掘简报》，《文物》1988年第9期。

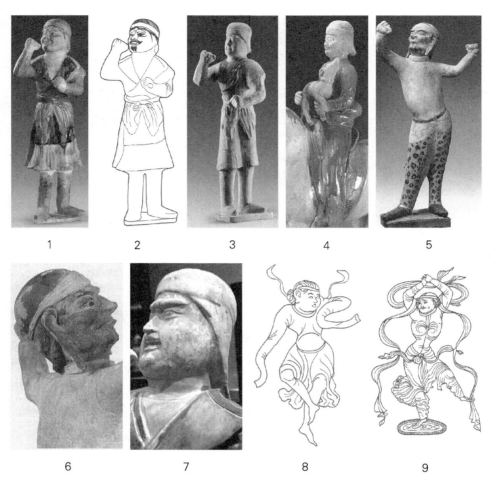

图 3-3-4 唐代陶俑、石刻所见束发带胡人形象

1、2.河南洛阳唐代安菩夫妇墓胡人俑及线图 3.陕西西安唐墓出土牵驼胡俑 4.北京故宫藏骑马狩猎
俑 5、6.甘肃庆城唐代穆泰墓牵驼胡俑 7.美国纳尔逊博物馆藏牵驼胡俑 8.唐代兴福寺碑侧所刻
跳胡腾舞者 9.宁夏盐池何氏墓地 M6 石墓门所刻跳胡腾舞者

者以为，应是受胡人影响而使用的装束。

　　唐墓出土剪发束带胡俑之族属，有学者指出其为龟兹人[1]，也有学者认为

---

1. 韩建武：《陕西唐墓出土的胡人俑》，《收藏家》2000 年第 4 期。

是粟特人[1]，笔者以为粟特说更为合理。在中亚卡拉伊卡菲尔尼干[2]（图3-3-5，1、2）、片治肯特[3]（图3-3-5，3）、阿弗拉西阿卜[4]（图3-3-5，4、5、6）等粟特壁画，以及中亚粟特狩猎银盘[5]（图3-3-5，7、8），都可以见到粟特人束发带的习俗，其形制及束法皆与唐代胡俑近似。再者，唐代入华胡人中，以昭武九姓的粟特人最多，这时期各式胡人俑，多数是以当时粟特人的形象来塑造。此外，出土系束发带胡人形象墓葬的墓主中，即有粟特人，如安元寿墓、宁夏盐池何氏墓地M6。其中安元寿为中亚安国粟特人后裔，16岁即以勇武追随李世民，至高宗朝官至右威卫将军，病故后"特令陪葬昭陵"[6]。宁夏盐池何氏墓地为粟特人家族墓地，其中M6石墓门所刻头系束发带舞蹈胡人，应是在表演胡腾舞，这是粟特人流行之舞[7]。入华粟特人墓中出土束发带胡人形象，亦可作为唐代女性此类头饰受粟特人影响的佐证。

唐代僧人惠超《往五天竺国传》记，小勃律国"著毡衫及靴，剪其发，头上缠叠布一条"。小勃律国位于今克什米尔西北部，都城孽多城，即今吉尔吉特，与粟特本土相邻。小勃律国成年男性"剪其发，头上缠叠布一条"的特征，与上文所例举胡人俑及粟特壁画相符。可知中亚地区与粟特相邻的区域也盛行系束发带[8]。甘肃敦煌莫高窟第158窟举哀图中（图3-3-6，1），割鼻胡人深目高鼻，短发且系束发带，戴耳环，身着翻领窄袖长袍，腰系鞶囊，与前述中

1. 任江：《初论西安唐墓出土的粟特人胡俑》，《考古与文物》2004年第5期。
2. ［日］田边胜美、前田耕作编：《世界美术大全集·中亚卷（东洋编15）》，小学馆，1999年，第197页。
3. 年代为7世纪中期，画中3名使节手捧送给当时粟特地区中心撒马尔罕统治者的礼物，这3名使节来自邻近国家，都穿着图案精美的锦袍。参见［美］芮乐伟·韩森：《丝绸之路新史》，张湛译，北京联合出版公司，2015年，第148页。图采自［意］康马泰：《唐风吹拂撒马尔罕：粟特艺术与中国、波斯、印度、拜占庭》，毛铭译，漓江出版社，2016年，书前彩页。
4. ［法］葛乐耐：《驶向撒马尔罕的金色旅程》，漓江出版社，2016年，书前彩页。
5. ［俄］鲍里斯·艾里克·马尔沙克：《粟特银器》，李梅田、付承章、吴忧译，上海古籍出版社，2019年，第2页。
6. 昭陵博物馆：《唐安元寿夫妇墓发掘简报》，《文物》1988年第12期。
7. 张庆捷：《北朝隋唐的"胡腾舞"》，载《法国汉学》丛书编辑委员会：《粟特人在中国——历史、考古、语言的新探索》，中华书局，2005年。
8. 《魏书·西域传》载龟兹"其王头系彩带，垂之于后"；《文献通考》载龟兹人"衣氍褐皮毡，以绦缭额"。可知当时已认为西域龟兹人有系带习俗。

图 3-3-5 中亚粟特壁画、金银器所见头系带人物形象

1、2.塔吉克斯坦卡拉伊卡菲尔尼干壁画及局部图 3.中亚片治肯特壁画 4、5、6.中亚阿弗拉西阿卜壁画 7、8.中亚粟特狩猎银盘及局部图

1   2

图 3-3-6 甘肃敦煌莫高窟壁画系束发带胡人形象

1. 第 158 窟中唐西域民族举哀图 2. 第 12 窟唐代胡人像

亚粟特壁画和金银器所见人物形象近似（图 3-3-5），很可能是塑造来自中亚的胡人形象[1]。此外，莫高窟第 12 窟捧物胡人（图 3-3-6，2），束发带的形制为在脑后打结并垂下两条飘带，与前论韩休墓乐舞图奏铜钹者（图 3-3-2）、唐代李爽墓壁画奏乐女子（图 3-3-3，13）相近。可知两种形制的束发带都是中亚粟特人常用发饰。

唐代政局稳定且国力昌盛，以中亚粟特人为主的各国商人往来贸易，唐代胡风大炽，吸收了大量来自西域文明的因素[2]。其中，唐代服饰出现的西方文化因素，诸多受粟特人直接影响。如卷檐虚帽、盘辫发式[3]、袍服局部饰锦的装饰习俗[4]、偏袒装内穿半臂搭配方式、女着男装习俗等都源于中亚粟特。起

1. 张庆捷：《"劓面截耳与椎心割鼻"图解读》，载张庆捷：《民族汇聚与文明互动：北朝社会的考古学观察》，商务印书馆，2010 年。

2. 向达：《唐代长安与西域文明》，重庆出版社，2009 年，第 3—30 页；霍巍：《唐代的胡人俑与唐代的中外文化交流》，载霍巍：《西南考古与中华文明》，巴蜀书社，2011 年。

3. 吕千云、赵其旺：《北齐、唐代女性盘辫发式源流研究》，《中国国家博物馆馆刊》2022 年第 1 期。

4. 吕千云、赵其旺：《北齐、唐代袍服局部装饰织物源流研究》，《中国国家博物馆馆刊》2023 年第 10 期。

源于波斯、印度、罗马等地区的服饰，也有不少是由于粟特人的中介才向东传播至中国[1]。在此历史背景下，粟特人的束发带头饰，也为唐代女性所使用，成为装饰时尚。

四、吐蕃系束发带及缠头巾习俗之渊源

石窟壁画、墓葬出土棺板画、吐蕃金银器、传世画作所见吐蕃人物形象，多有系束发带者。如唐代阎立本绘《步辇图》中禄东赞像[2]（图3-3-7，1、2），其头饰即为黑色束发带。此类头饰还见于甘肃安西榆林窟第25窟北壁弥勒经变中嫁娶图[3]（图3-3-7，3）、甘肃敦煌莫高窟第225窟壁画供养人像（图3-3-7，4）、莫高窟第159窟吐蕃赞普礼佛图[4]（图3-3-7，5）、莫高窟第220窟壁画供养人像[5]（图3-3-7，6）、青海出土吐蕃时期棺板画[6]（图3-3-7，7、8）、青海都兰热水吐蕃墓群出土金饰片人物[7]（图3-3-7，9、10）、青海乌兰县泉沟吐蕃墓葬壁画[8]（图3-3-7，11）等。禄东赞像所见束发带为缠绕一圈，石窟壁画及棺板画中有缠两圈者，形制与前文所论唐代胡人俑及中亚壁画所见粟特人相似（图3-3-4、图3-3-5），因此笔者以为很可能即受其影响。吐蕃人物所见缠成高筒状的头巾，应也是由束发带演进而来，乃缠巾圈数增多所致。

1. 参见赵其旺：《魏晋南北朝隋唐服饰中的西方文化因素》，四川大学博士学位论文，2017年。
2. 谢继胜、朱姝纯：《关于〈步辇图〉研究的几个问题》，《故宫博物院院刊》2018年第4期；线图采自沈从文：《中国古代服饰研究》，上海书店出版社，1997年，第229页。
3. 敦煌研究院编：《中国石窟·安西榆林窟》，文物出版社，1997年，图24。
4. 段文杰、樊锦诗主编：《中国敦煌壁画全集·中唐》，天津人民美术出版社，2006年，图一二九、图一一三。
5. 沙武田：《归义军时期敦煌石窟考古研究》，甘肃教育出版社，2017年，第250页。
6. 霍巍：《青海出土吐蕃木棺板画上的人物服饰》，载霍巍：《吐蕃时代考古新发现及其研究》，科学出版社，2012年。
7. 扬之水：《吐蕃金银器知见录》，《紫禁城》2020年第5期。亦载扬之水：《定名与相知——博物馆参观记（二编）》，广西师范大学出版社，2021年。
8. 中国社会科学院考古研究所等：《青海乌兰县泉沟一号墓发掘简报》，《考古》2020年第8期。

1　　　　2　　　　　　　　　3

4　　　　　　　5　　　　　　　　6

7　　　　　　　　　　8

9　　　　　　　　10　　　　　　　　11

图 3-3-7 吐蕃系束发带、缠头巾人物形象

1、2. 唐代阎立本绘《步辇图》禄东赞像及线图　3. 甘肃安西榆林窟第 25 窟壁画　4. 甘肃敦煌莫高窟第 225 窟壁画　5. 甘肃敦煌莫高窟第 159 窟吐蕃赞普礼佛图　6. 甘肃敦煌莫高窟第 220 窟壁画供养人像　7、8. 青海出土吐蕃时期棺板画　9、10. 青海都兰热水吐蕃墓群出土金饰片人物　11. 青海乌兰县泉沟吐蕃墓葬壁画

　　从服饰搭配分析，吐蕃人物形象的束发带常与翻领胡服搭配[1]；禄东赞像及棺板画人物的袍服领部、衣袖的上臂部位、襟部、衣裾下开衩处都用联珠纹锦作装饰，正与中亚阿弗拉西阿卜、片治肯特壁画束发带粟特人的袍服装饰相近似[2]（图 3-3-5）。这些特征也可作为吐蕃系束发带及缠头巾习俗受中亚粟特人影响的佐证。另外吐蕃的马具、武器、金银器[3]、印章[4]等都曾受中亚粟特的影响，在胡风浓烈的背景之下[5]，也从粟特人习此发饰。而且，吐蕃盛行

---

1. 关于吐蕃翻领胡服的研究参见杨清凡：《藏族服饰史》，青海人民出版社，2003 年；［法］海瑟·噶尔美：《7—11 世纪吐蕃人的服饰》，台建群译，《敦煌研究》1994 年第 4 期；谢静：《吐蕃大翻领长袍探源》，《装饰》2008 年第 3 期。

2. 谢继胜、朱姝纯：《关于〈步辇图〉研究的几个问题》，《故宫博物院院刊》2018 年第 4 期。

3. 霍巍：《吐蕃系统金银器研究》，《考古学报》2009 年第 1 期。

4. 李帅：《吐蕃印章初探》，《文物》2018 年第 2 期。

5. 参见仝涛：《青藏高原丝绸之路的考古学研究（上、下）》，文物出版社，2021 年。

辫发，粟特亦有短发[1]、辫发[2]的习俗，在发式上皆适宜用束发带，笔者以为这也是二者皆使用束发带的原因。

唐代女性束发带的形制及系带方式皆不同于抹额，而与入华粟特人常用的束发带相同，应是受其影响。中亚地区与粟特相邻的区域多盛行系束发带，在该地区文物中常见。吐蕃束发带或缠头巾之俗，形制与唐代出土文物及中亚壁画所见粟特人相似，应也是受其影响。束发带的流行，是当时中西文化交流繁盛的反映。

1. 葛承雍：《胡人发式：中古"剪发胡雏"艺术形象试解》，《故宫博物院院刊》2021年第2期。
2. 霍巍、赵其旺：《辽宁朝阳黄河路石俑族属考》，《社会科学战线》2019年第6期。

骑士翼马图像

源流
研究

唐代骑士翼马纹锦图像特点为骑士驾驭展开双翅的翼马。根据骑士行为姿态的区别，本书将其分为骑士搂马纹和骑士搏斗纹两种不同主题类型的图像。两种图像的源流也不尽相同。关于骑士搂马纹锦图像的起源与传播过程，目前似尚未进行系统研究。骑士搏斗纹锦图像起源于波斯，学者已多有论述，但从波斯到中国之间的传播过程与传播媒介，以及来自中亚的粟特人所起的作用等问题，值得略作探讨。有鉴于此，笔者拟就以上问题，系统梳理东西方出土文物资料，进行图像对比研究。

第一节 唐代骑士搂马纹锦图像

新疆吐鲁番阿斯塔那墓地，是 20 世纪 60 年代发掘的魏晋至唐代的重要墓葬群，此处多次出土唐代联珠纹骑士搂马纹锦（图 4-1-1），如 M337、M322[1]、M77、M69[2] 皆有出土，惜皆为残锦。此图像的特点为骑士双手搂抱住马颈，并转身向后望，马为带有展开双翅之翼马，且前蹄离地上跃，后蹄则立于地。骑士为深目高鼻的西域胡人形象，身穿波斯风格铠甲，头后扬起两条飘带。

1. 武敏：《新疆出土汉—唐纺织品初探》，《文物》1962 年第 7、8 期合刊。
2. 新疆维吾尔自治区博物馆：《吐鲁番县阿斯塔那—哈拉和卓古墓群发掘简报（1966—1969）》，《文物》1972 年第 1 期。

1　　　　　　　　　　　　　　　　2

3　　　　　　　　　　　　　　　　4

图 4-1-1　新疆吐鲁番阿斯塔那墓地出土唐代联珠骑士搂马纹锦

1、2.M77 出土织锦及局部图　　3、4.M337 出土织锦及局部图

　　笔者注意到，新疆焉耆明屋遗址出土的唐代陶塑 [1](图 4-1-2) 也能见到相似的图像题材。可惜此件陶塑已残缺，但人物双手搂抱住马颈部之特征塑造精细，尤为明显。详细观察马鞍边缘的缺损情况，笔者推测抱住马颈的人物应当是骑于马上。而且，目前所见唐代此类人物和马连为一体的陶俑或陶塑，都是骑于马上，尚未见站于马下而搂马的案例。因此，陶塑应当和织锦的图像题材相近似，都是表现骑士搂马的主题。该遗址还出土萨珊波斯风格的陶塑武士形

1.Tamara Talbot Rice, *Ancient Arts of Central Asia*, London: Thames and Hudson, 1966, pp. 184—185.

骑士翼马图像源流研究

象，武士所穿为源于波斯的锁子甲 [1]。

此类骑士搂马图像既出现在织物纹样上，也融入到陶塑的制作中，而且在中国唐代以前的文物资料中未曾见到。其源流值得进一步探讨，可梳理东西方文物资料进行系统研究。

萨珊波斯银盘上，亦可见与骑士翼马纹锦相似的图像。俄罗斯艾米塔什博物馆藏 3—4 世纪萨珊波斯鎏金银盘 [2]（图 4-1-3），骑于马上的帝王深目高鼻

图 4-1-2 新疆焉耆明屋遗址出土唐代陶塑及局部图

图 4-1-3 俄罗斯艾米塔什博物馆藏萨珊波斯鎏金银盘及局部图（3—4 世纪）

1.［英］吴芳思：《丝绸之路 2000 年》，赵学工译，山东画报出版社，2008 年，第 56 页。这批陶塑为 1907 年英国斯坦因所盗挖，现藏于大英博物馆。
2.［日］田边胜美、前田耕作编：《世界美术大全集·中亚卷（东洋编 15）》，小学馆，1999 年，第 149 页。

多髯，戴冠且后面有两条飘带。其左手环绕搂抱住马颈，右手持长刀砍杀野猪，双腿夹住马腹，小腿向上弯曲，马前蹄亦腾空。人物手部动作及与马匹的互动，还有马前蹄腾空的姿态等特征，与骑士翼马纹锦图像有异曲同工之处。

此外，藏于日本美秀博物馆的萨珊波斯帝王骑马搏斗银盘（图4-1-4），其图像也颇为相似：帝王头戴日月冠，冠后扬起两条飘带，身穿铠甲，两腿夹住马腹，左手搂住马颈，右手持武器击杀野猪，马前蹄离地呈跃起状。

日本美秀博物馆还藏有一件萨珊波斯银盘[1]（图4-1-5），图像较为特别，帝王双手交叉搂抱马颈，马四脚皆离地腾空跃起，与前述图像不同之处是人物站于地上而非骑于马上，但双手搂抱马的特征一致，都表现了人物与马之间的互动。

骑士形象是波斯常见图像题材，而且延续时间较长，早在帕提亚波斯（安息）时期，出土的陶塑已可见到此类图像风格。伊朗出土帕提亚波斯陶塑骑士[2]（图

图4-1-4 日本美秀博物馆藏萨珊波斯银盘及局部图

1.［日］MIHO MUSEUM：《古代オリエント美術の愉しみ》，该书为日本美秀博物馆2016年展览图录，本书的美秀博物馆两个波斯银盘图像皆采自此书。
2.Andre Malraux and Georges Salles, *Persian Art*, New York: Golden Press, 1962；［美］米夏埃尔·比尔冈：《古代波斯诸帝国》，李铁匠译，商务印书馆，2015年，第68页。

图 4-1-5 日本美秀博物馆藏萨珊波斯银盘及局部图

图 4-1-6 伊朗出土帕提亚波斯陶塑骑士形象及局部图

4-1-6），骑士右手抱住马颈，且侧身头向右望，衣袍向后飘扬，马前蹄离地扬起，与前述唐代骑士翼马纹锦（图 4-1-1）有相似特征，属同类图像艺术题材。

　　关于新疆吐鲁番出土骑士翼马纹锦的完整图像，学者对这类织锦进行的

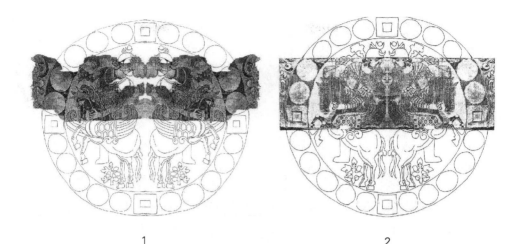

图 4-1-7　新疆吐鲁番阿斯塔那墓地出土唐代联珠骑士搂马纹锦复原图

1.M77 出土织锦复原图　　2.M337 出土织锦复原图

复原[1]（图 4-1-7）颇具启发性。但复原图像中骑士未骑在马上，而站立地上抱住马颈，与前文所例举波斯银盘、陶塑骑士像，以及唐代完整骑士搏斗纹锦图案相比较（图 4-2-1），骑士骑于马上似更合理些。翼马前蹄上扬立起，后蹄立于地面，人若站立于马侧，在图像的构图和比例上，皆显得略不协调，应是无法双手搂抱马颈并且身体上部高于马。结合前论波斯陶塑和银盘图像，人物骑于翼马之上更为合理。

　　综合上述分析，骑士搂抱马颈图像起源于波斯，最早见于帕提亚波斯时期的陶塑，也多见于萨珊银盘，是波斯典型的图案题材。在隋唐时期，这种图像已传播至中土，出现于织物纹样，新疆焉耆地区出土的陶塑形制，也受波斯影响。

<hr/>

1. 赵丰：《唐系翼马纬锦与何稠仿制波斯锦》，《文物》2010 年第 3 期。

第二节 唐代骑士搏斗纹锦图像

骑士搏斗纹锦图像为骑士驾驭翼马与猛兽进行搏斗。此类图像最为典型的是日本奈良时代法隆寺藏唐代联珠骑士搏斗纹锦[1]（图4-2-1）。骑士深目高鼻多髯，头戴波斯式展翼冠，冠上饰以日月纹，身穿波斯式铠甲，转身拉弓射箭与近身进攻的狮子进行搏斗。马亦为展开双翅的翼马，前蹄离地跃起。相似的织锦还见于日本正仓院藏联珠骑士搏斗纹锦[2]（图4-2-2）。

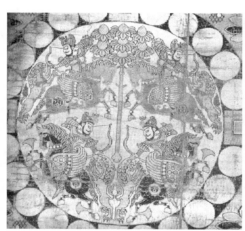

图4-2-1 日本奈良法隆寺藏唐代联珠骑士搏斗纹锦及局部图

1.［日］田边胜美、前田耕作编：《世界美术大全集·中亚卷（东洋编15）》，小学馆，1999年，第273页。
2. 林梅村：《何稠家族与粟特工艺的东传》，载荣新江、罗丰主编：《粟特人在中国：考古发现与出土文献的新印证》，科学出版社，2016年。

图 4-2-2　日本正仓院藏联珠骑士搏斗纹锦及局部图

骑士搏斗图像与前述骑士搂马纹锦有诸多相似之处（图 4-1-1）：人物都为深目高鼻胡人形象，服饰及装饰也近似，联珠圈中分隔圆珠的"回"字形方格也相同。二者应当关系密切，或为同处织造，所效仿的都是萨珊波斯的图案。

搏斗纹织物在青海都兰热水吐蕃墓出土南北朝搏斗纹锦已可见到[1]（图4-2-3，1），唐代织物中则经常出现，如新疆吐鲁番阿斯塔那墓地出土印花绢[2]（图 4-2-3，2）、日本奈良法隆寺献纳搏斗纹绵[3]（图 4-2-3，3）。

搏斗纹的特征是人与兽双方都在攻击，猛兽往往作跃起攻击状，与狩猎纹存在区别。齐东方先生指出，太原隋代虞弘墓石椁图像中被称为"狩猎"或与之相关的图像，应分为"搏斗"和"捕杀"两类。"捕杀"图中人物居主导地位，追捕着逃窜的动物。"搏斗"图中人与兽不分主次，甚至强弱难辨，双方都在攻击。制作者有意将两者区分，前者为狩猎图，后者为

---

1. 许新国：《西陲之地与东西方文明》，北京燕山出版社，2006 年，第 235 页；仝涛：《青海都兰热水一号大墓的形制、年代及墓主人身份探讨》，《考古学报》2012 年第 4 期。
2. 国家文物局、中国科学技术协会主编：《奇迹天工：中国古代发明创造文物展》，文物出版社，2008 年，第 70 页。线图参见赵丰主编：《丝绸之路美术考古概论》，文物出版社，2007 年，第 135 页。
3. 葛承雍：《大唐之国：1400 年的记忆遗产》，生活·读书·新知三联书店，2018 年，第 174 页。

1 2 3

图 4-2-3 南北朝、唐代搏斗纹织物

1. 青海都兰热水吐蕃墓出土南北朝织锦 2. 新疆吐鲁番阿斯塔那墓地出土唐代印花绢 3. 8 世纪奈良时代法隆寺献纳搏斗纹绵

搏斗图 [1]。因此，织物中人与兽相互攻击的纹样，本书皆称之为搏斗纹。

中国织物中的骑士搏斗纹图像源自萨珊波斯。波斯搏斗图像延续时间长，波斯波利斯遗址浮雕（前 6—前 5 世纪）已有帝王搏斗石刻 [2]（图 4-2-4，1、2），萨珊波斯时期的沙普尔二世搏斗图案银盘 [3]（4 世纪初）（图 4-2-4，3）、库思老银盘（3—4 世纪）[4]（图 4-2-4，4）、巴赫拉姆五世银盘（6—7 世纪）[5]（图 4-2-4，5）也皆有帝王骑马搏斗像。日本奈良法隆寺藏唐代联珠骑士搏斗纹锦（图 4-2-1），与沙普尔二世搏斗图案银盘纹样甚为相似（图 4-2-4，3）。尚刚先

1. 齐东方：《虞弘墓人兽搏斗图像及其文化属性》，《文物》2006 年第 8 期。文中亦指出，在西亚波斯美术中，帝王与野兽格斗的主题具有宗教色彩，从祆教的观念来看，帝王代表了光明、正义之神阿胡拉·马兹达，怪兽、狮子则是黑暗、罪恶之神的化身，两者间的搏斗即是光明与黑暗、正义与邪恶之争。亦可参见齐东方：《碰撞与交融：考古发现与外来文化》，科学出版社，2021 年。

2. 李零：《波斯笔记·下》，生活·读书·新知三联书店，2019 年，第 442 页。

3. 罗世平、齐东方：《波斯和伊斯兰美术》，中国人民大学出版社，2010 年，第 83 页。

4. ［日］田边胜美、前田耕作编：《世界美术大全集·中亚卷（东洋编 15）》，小学馆，1999 年，第 150 页。

5. ［日］田边胜美、松岛英子编：《世界美术大全集·西亚卷（东洋编 16）》，小学馆，2000 年，第 313 页。

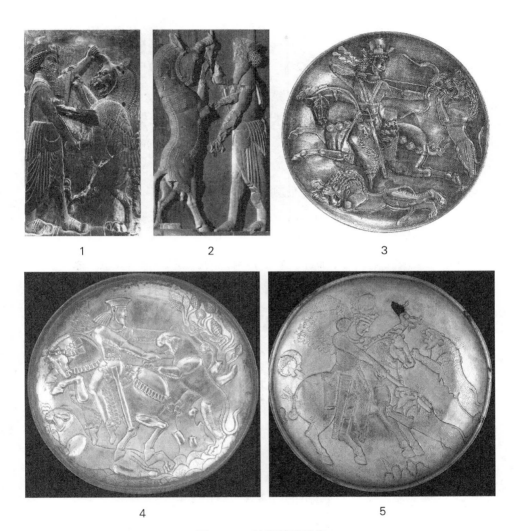

图 4-2-4　波斯搏斗图像

1、2.波斯波利斯遗址浮雕（前6—前5世纪）　3.沙普尔二世搏斗图案银盘（4世纪初）　4.库思老
银盘（3—4世纪）　5.巴赫拉姆五世银盘（6—7世纪）

骑士翼马图像源流研究

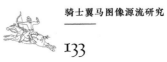

生指出，人物骑射的姿势、雄狮的形态、猎手的脚形皆相近似，且鞍下均不附镫。而4世纪前期，汉地马镫已由单镫进步为双镫[1]。唐代骑士搏斗纹锦与萨珊银盘图像均鞍下无镫，应是在效仿某种与沙普尔二世银盘图案（图4-2-4，3）近似的西方典范。骑士胡相、马生双翼、奇异花树、异域狮子，这些都是西方文化因素[2]。中国织物中的骑士搏斗纹应是对萨珊波斯图案系统的模仿。

北朝隋代入华粟特人墓出土石葬具上，萨珊波斯风格的搏斗图较常出现。法国吉美博物馆藏、出土于甘肃天水[3]的北朝入华粟特人墓围屏石榻，出现了骑马射箭与狮子搏斗的图像[4]（图4-2-5，1）。前述山西太原隋代虞弘墓石椁刻有多幅骑驼、骑象与狮子搏斗的图像[5]（图4-2-5，2、3）。陕西西安北周粟特人安伽墓石葬具上，可以看到典型的波斯风格的萨保骑马猎狮图[6]（图4-2-5，4）。陕西西安北周史君墓石椁也刻有骑马持矛与野猪搏斗、骑马射箭与狮子搏斗的图像[7]（图4-2-5，5、6）。

粟特人在宗教、文化方面深受处于其西方的波斯文化影响。安伽墓围屏图像上的日月形纹样装饰、联珠纹装饰也都源于萨珊波斯，人物头后扬起的飘带亦是波斯王常见的配饰。这些波斯风格的装饰或图像主题，是在粟特本土即被吸收融合的波斯文化，并由粟特人向东传播至中国[8]。

1. 孙机：《唐代的马具与马饰》，载孙机：《中国古舆服论丛（增订本）》，文物出版社，2001年。有关单镫的最早报道是甘肃武威南滩魏晋墓出土上马用的铁马镫，湖南长沙西晋永宁二年（302）墓出土单镫陶骑俑即塑有马镫。南京象山7号东晋永昌元年（322）王廙墓已出土双镫陶马。还可参看孙机：《中国古代物质文化》，中华书局，2014年，第191—192页；王铁英：《马镫的起源》，载余太山主编：《欧亚学刊》第三辑，中华书局，2002年；李云河：《再论马蹬起源》，《考古》2021年第11期。
2. 尚刚：《隋唐五代工艺美术史》，人民美术出版社，2005年，第78—79页。
3. 出土地点参看屈涛：《出生证：一个无法回避的问题——法文版〈石屏，野蛮睡眠〉一书的另外一种"读后感"》，载荣新江、罗丰主编：《粟特人在中国：考古发现与出土文献的新印证》，科学出版社，2016年。
4.［法］德凯琳、黎北岚：《巴黎吉美博物馆展围屏石榻上刻绘的宴饮和宗教题材》，施纯琳译，载张庆捷等编：《4—6世纪的北中国与欧亚大陆》，科学出版社，2006年。
5. 山西省考古研究所等编：《太原隋虞弘墓》，文物出版社，2005年，第101、102、110页。
6. 陕西省考古研究所：《西安北周安伽墓》，文物出版社，2003年，第28、35页。
7. 西安市文物保护考古研究院编：《北周史君墓》，文物出版社，2014年，第158、159页。
8. 参见荣新江：《四海为家：粟特首领墓葬所见粟特人的多元文化》，载荣新江：《中古中国与粟特文明（修订版）》，生活·读书·新知三联书店，2014年。

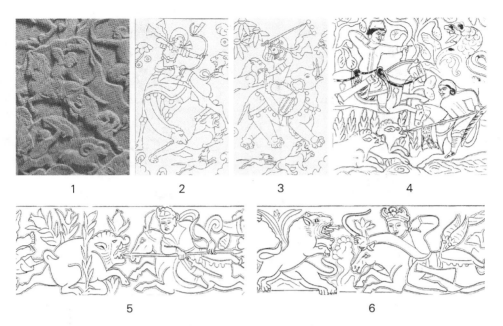

图 4-2-5　入华粟特人墓出土石葬具所见搏斗图像
1.法国吉美博物馆藏北朝石榻　2、3.山西太原隋代虞弘墓石椁　4.陕西西安北周安伽墓石榻
5、6.陕西西安北周史君墓石椁

图 4-2-6　山西忻州九原岗北朝墓出土搏斗图像壁画

骑士翼马图像源流研究

值得注意的是，由于来自中亚的粟特人中介传播，北朝时已在绘画中表现搏斗场面。山西忻州九原岗北朝墓（东魏至北齐早期）壁画绘有搏斗图[1]（图4-2-6），其构图与前述波斯及粟特图案系统相似度较高，骑士反身射箭，猛兽撕咬马、驼等坐骑[2]。该墓壁画所见外来文化因素较多，其中的粟特商人贩马图[3]，即有两个短发粟特商人形象，其中一人穿翻领袍、深目高鼻多髯。出行图中有一穿翻领袍胡人武士仪卫形象。这些与粟特相关的外来文化因素，也可佐证该搏斗图像与粟特人的渊源。

综合上述东西方图像资料的对比研究，隋唐时期织物出现波斯风格的骑士搏斗图像，与入华粟特人对波斯艺术题材的吸收与传播应当关系密切。

---

1. 山西省考古研究所等：《山西忻州市九原岗北朝壁画墓》，《考古》2015年第7期；扬之水：《忻州北朝壁画墓观画散记》，《大众考古》2014年第3期，文中指出，骑马引弓反身射虎的形象，在河北定县西汉墓出土的伞盖杠箍纹饰中已可见到。
2. 人兽搏斗图像在西汉时即有，与北朝隋唐时搏斗图像的关系，笔者以为并非延续，而是在两次中西文化交流高峰中分别由西方传入，二者本源相同。西汉时可能由北方草原传入，而北朝时则以粟特人为中介。汉代车饰搏斗图，猎者反身射箭，猛兽上扑进攻而未撕咬坐骑；往往与双兽搏斗、有翼天马等外来图案一同出现。
3. 张庆捷：《粟特商人贩马图考释》，载朱玉麒、周珊主编：《明月天山：李白与丝绸之路国际学术研讨会论文集》，国家图书馆出版社，2019年。

第三节　骑士翼马图像源流相关问题

一、骑士翼马纹锦与何稠仿制波斯锦

骑士翼马纹锦在中国的织造，来自中亚的粟特人在图像传播中应当起到了关键性的作用，而且他们还参与了丝绸纹样的设计。文献即记载中亚粟特人后裔何稠曾仿制波斯锦。《隋书》卷六八《何稠传》载：

> 何稠，字桂林，国子祭酒妥之兄子也。父通，善斫玉。稠性绝巧，有智思，用意精微。年十余岁，遇江陵陷，随妥入长安，仕周御饰下士。及高祖为丞相，召补参军，兼掌细作署。开皇初，授都督，累迁御府监，历太府丞。稠博览古图，多识旧物。波斯尝献金锦（《北史·本传》作"线"）锦袍，组织殊丽，上命稠为之。稠锦既成，逾所献者，上甚悦。时中国久绝琉璃之作，匠人无敢厝意，稠以绿瓷为之，与真不异。……归于大唐，授将作少匠（《北史·本传》作"少府监"）。[1]

---

1. 《隋书》卷六八《何稠传》，中华书局，1973 年，第 1596—1598 页。《大唐西域记》卷一一《波刺斯国》（第 938—939 页）记载波斯"工织大锦"："波刺斯国周数万里。……引水为田，人户富饶，出金、银、鍮石、颇胝、水精、奇珍异宝。工织大锦、细褐、氍毹之类。多善马、橐驼。货用大银钱。人性躁暴，俗无礼义。文字语言异于诸国。无艺学，多工技，凡诸造作，邻境所重。婚姻杂乱。死多弃尸。其形伟大，齐发露头，衣皮褐，服锦叠。"从现存的萨珊波斯织锦看，波斯锦的确颇为精美。

何稠祖上来自中亚何国，是粟特昭武九姓之一，何国位于康国与安国之间（今撒马尔罕和布哈拉之间）。何稠父亲擅长雕刻玉器，叔父何妥亦擅长技艺。文献提到"波斯尝献金锦锦袍，组织殊丽"，萨珊波斯曾进献精美的锦袍，隋文帝让何稠负责仿制波斯锦。"稠锦既成，逾所献者"，何稠仿制成功的织锦，比波斯所献的更为精美。

前文所述骑士搂马纹锦、骑士搏斗纹锦图像皆起源自波斯，应与何稠仿制波斯锦密切相关。赵丰先生指出，唐系翼马人物纹纬锦，应该就是当年何稠仿制成功的波斯锦类型。何稠仿制的波斯锦数量不会很大，但织工后来可能大量仿制，最后民间也开始流行翼马纹锦[1]。骑士翼马纹锦、联珠对翼马纹锦、联珠对鹿纹锦，此类源自波斯的图案，应是何稠仿制而成。此类图像也常见于中亚粟特壁画和入华粟特人墓葬出土的石葬具，为中亚粟特人和入华粟特人所熟悉并使用，由入华粟特人何稠来仿制波斯锦，应也是与此历史背景相关。

唐代骑士翼马纹的诸多特征与萨珊波斯银盘非常接近，抑或直接仿自此类波斯银盘。魏晋南北朝隋唐时期，源自中亚、西亚的金银器，在中国屡有出土[2]。萨珊波斯银盘在北魏时即已传入中国，如北魏正始元年（504）屯骑校尉建威将军洛州刺史封和突墓[3]，即出土萨珊波斯贵族猎野猪金花银盘[4]（图4-3-1，1），盘上人物是萨珊朝第四代君主巴赫拉姆一世[5]。山西大同北魏平城遗址也

1. 赵丰：《唐系翼马纬锦与何稠仿制波斯锦》，《文物》，2010年第3期；赵丰：《锦程：中国丝绸与丝绸之路》，黄山书社，2016年，第173—188页。还可参见王乐、赵丰：《吐鲁番出土文书和面衣所见波斯锦》，《艺术设计研究》，2019年第2期；韩香：《波斯锦与锁子甲：中古中国与萨珊文明》，社会科学文献出版社，2022年。林梅村先生亦指出，日本法隆寺及正仓院藏联珠天王锦图案中马腿系飘带，与隋代虞弘墓石椁飞马浮雕相同，有可能是何稠为隋皇室监造的织锦，参见上引林梅村：《何稠家族与粟特工艺的东传》。
2. 可参见齐东方：《唐代金银器研究》，上海古籍出版社，2022年。
3. 夏鼐：《北魏封和突出土萨珊银盘考》，《文物》1983年第8期；马玉基：《大同市小站村花圪瘩台北魏墓清理简报》，《文物》1983年第8期。
4. 采自罗宗真主编：《魏晋南北朝文化》，学林出版社、上海教育出版社，2000年，第328页。
5. 马雍：《北魏封和突墓及其所出的波斯银盘》，《文物》1983年第8期；付承章：《大同北魏封和突墓银盘考》，载陈晓露主编：《芳林新叶：历史考古青年论集（第二辑）》，上海古籍出版社，2019年。

1   2

图 4-3-1 北魏墓葬和遗址出土西亚金银器

1. 山西大同北魏封和突墓出土萨珊银盘 2. 山西大同北魏平城遗址出土波斯鎏金铜高足杯

曾出土时代约为 5 世纪的波斯鎏金铜高足杯[1]（图 4-3-1，2）。丝路往来贸易中，金银器、丝绸、钱币、绘画等体积小、重量轻、价值高的物品作为文化传播的媒介，促成图像在不同地域间传播与借鉴[2]。因此，入华粟特人后裔何稠在中土所作织锦纹样，借鉴传入的萨珊搏斗图像银盘，可能性应是存在的。

这类骑士翼马纹，在波斯织锦中尚未见到，而银盘常见相似的骑士搏斗图像。二者区别是波斯银盘骑士之马无双翼，而唐锦为翼马，应是唐锦进行了适当改变。在花纹和色彩上，外销的丝绸须符合异域需求，唐代织物每具胡风当与此有关[3]。诚如宿白先生所指出，粟特人外运我国的丝织品，为了到中亚、西亚一带，特别是在他们的故乡畅销，要求织造他们喜欢的纹饰。联珠圈纹锦圈中还有织出"胡王"铭记的胡人牵驼纹样、胡人对饮纹样，乃是为外销而生产。

1. 出土文物展览工作组：《文化大革命期间出土文物（第一辑）》，1973 年，文物出版社，149—152 页。
2. 陈彦姝：《六世纪中后期的中国联珠纹织物》，《故宫博物院院刊》2007 年第 1 期。
3. 文献记载北齐建国之前山东地区的丝织品采用了"连珠孔雀"的新纹样，而北齐武成帝高湛时"遣商胡赍锦采三万匹"去北周市真珠，说明中原地区曾以大量的西方风格丝织品向西方交换珍物。尚刚：《隋唐五代工艺美术史》，人民美术出版社，2005 年，第 24 页。

还有织出猎狮纹样，狮子是萨珊贵族喜欢的打猎对象，因此萨珊时期波斯贵族也喜欢此纹样，应当主要是为萨珊贵族们织造[1]。

由此可见，何稠仿制波斯锦，应即是入华的中亚粟特人参与设计织造波斯图案风格织物，原因在于生产出适合外销的锦纹[2]。

二、骑士翼马纹锦由粟特人传播相关佐证

骑士翼马纹图像由粟特人向东传播，翼马纹样的源流也可作为相关佐证。前论波斯银盘中帝王之马无双翼，而唐锦为翼马，则翼马图像也是由粟特人传入中国，并融入织物纹样之中。

隋唐织锦上的马纹往往带有展开的翅膀，这是典型的波斯装饰题材，也屡见于中亚粟特壁画、织锦，以及入华粟特人石葬具图像[3]。新疆吐鲁番阿斯塔那墓地 M302[4]（图4-3-2，1）和 M161[5]（图4-3-2，3）、青海都兰热水吐蕃墓出土联珠对马纹锦[6]（图4-3-2，2）中翼马的造型，与萨珊波斯联珠翼马锦[7]（图4-3-3，1）、中亚阿弗拉西阿卜古城粟特壁画中的联珠翼马锦纹[8]（图4-3-3，2）都很近似，皆源自萨珊波斯。

北朝及隋代入华粟特人石葬具图像，也屡次出现此类翼马。陕西西安北周史君墓[9]（图4-3-4，1）、山西太原隋代虞弘墓（图4-3-4，2）[10]、美国大都

1. 宿白：《考古发现与中西文化交流》，文物出版社，2012年，第66—67页。
2. 文献也记载何稠监造皇室、百官舆服，《隋书·何稠传》记载："大业初，炀帝将幸扬州，谓稠曰：'今天下大定，联承洪业，服单文物，阙略犹多。卿可讨阅图籍，营造舆服羽仪，送至江都也。'稠于是营黄麾三万六千人仗，及车舆辇格、皇后卤簿、百官仪服，依期而就，送于江都。所役工十万余人，用金银钱物巨亿计。"可推测何稠应熟悉各类手工艺制作，方委以此重任。
3. 赵丰：《唐系翼马纬锦与何稠仿制波斯锦》，《文物》，2010年第3期；霍巍：《近年来新发现的吐蕃丝绸研究》，载霍巍：《吐蕃时代考古新发现及其研究》，科学出版社，2012年。
4. 尚刚：《古物新知》，生活·读书·新知三联书店，2012年，第34页。
5. 大西北遗珍编委会：《丝绸之路：大西北遗珍》，文物出版社，2010年，第163页。
6. 许新国：《西陲之地与东西方文明》，北京燕山出版社，2006年，第183页。
7. Andre Malraux and Georges Salles, *Persian Art*, New York: Golden Press, 1962, p.229.
8. 孙机：《中国古舆服论丛（增订本）》，文物出版社，2001年，第460页。
9. 西安市文物保护考古研究院编：《北周史君墓》，文物出版社，2014年，第148页。
10. 山西省考古研究所等编：《太原隋虞弘墓》，文物出版社，2005年，第141页。

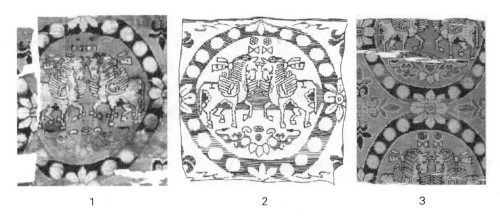

图 4-3-2 唐代联珠翼马纹锦

1.新疆吐鲁番阿斯塔那墓地 M302 出土　2.青海都兰热水吐蕃墓出土　3.新疆吐鲁番阿斯塔那墓地
M161 出土

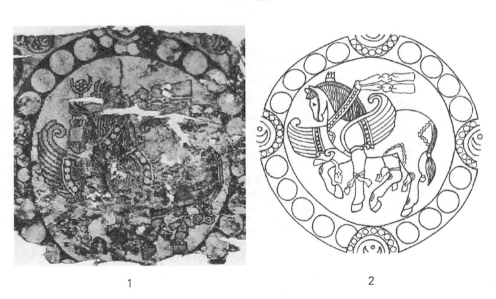

图 4-3-3 萨珊波斯与粟特联珠翼马纹对比

1.萨珊波斯织锦 2.中亚阿弗拉西阿卜古城粟特壁画中的锦纹线图

图 4-3-4　北朝隋代入华粟特人石葬具所刻翼马

1. 陕西西安北周史君墓　2. 山西太原隋代虞弘墓　3. 美国大都会博物馆藏北齐入华粟特人墓石葬具底座

会博物馆藏北齐入华粟特人墓石葬具[1]（图 4-3-4，3），都精细刻画萨珊波斯风格的翼马图像。可知来自中亚的粟特人是波斯翼马图像向东传播的中介。

三、骑士翼马纹锦出现并使用的原因

骑士搂马纹锦、骑士搏斗纹锦及联珠翼马纹锦，共同出现的图像主题是带展双翅的翼马。在织锦图案设计中频繁出现翼马，除了适合外销中亚及西亚，还应当与中国的天马升仙思想相关。

萨珊王朝定祆教为国教，在祆教里，翼马是日神米特拉的化身[2]因此在萨珊波斯，翼马纹有崇高的宗教含义。而唐代将翼马织为锦纹，原因除了其图案新奇和唐人对骏马的喜爱[3]，还与汉代延续至唐代的天马升仙思想相关。陈彦姝指出，粟特系联珠纹织物出现以前，中国织造的联珠纹织物里，主纹中出现的萨珊式象征动物只有翼马，而野猪头、牡羊、雄鸡均不曾见。中国织锦对翼马的一再表现，应是从汉武帝时就开始的对西方天马的渴慕[4]。

值得注意的是，唐人对翼马的称呼为天马，这在诗歌与正史皆有载。杜牧《张

---

1. 笔者拍摄于美国大都会博物馆。
2. 赵丰：《魏唐织锦中的异域神祇》，《考古》1995 年第 2 期。
3. 尚刚：《隋唐五代工艺美术史》，人民美术出版社，2005 年，第 77 页。
4. 陈彦姝：《六世纪中后期的中国联珠纹织物》，《故宫博物院院刊》2007 年第 1 期。

好好诗》云："赠之天马锦，副以水犀梳。"[1]《旧唐书》卷一七四《李德裕传》载："德裕又论曰：'……又奉诏旨，令织定罗、纱袍段及可幅盘绦缭绫一千匹，伏读诏书，倍增惶灼。……况玄鹅、天马、掬豹、盘绦，文彩珍奇，只合圣躬自服。今所织千匹，费用至多，在臣愚诚，亦所未谕。'"[2]织锦中的翼马即为唐人观念及思想中的升仙瑞兽天马。

汉代的天马升仙思想[3]在唐代依然盛行，这也是翼马纹锦织造的重要原因，值得结合当时的文献和出土文物探讨。河南巩义出土唐代陶马的颈部墨书题写"马食天仓"[4]（图4-3-5），这件为丧葬而制作的明器，应是要在墓葬中作为升仙的天马。

《唐六典》卷二三《将作都水监》载：

> 甄官令掌供琢石、陶土之事；丞为之贰。凡石作之类，有石磬、石人、石兽、石柱、碑碣、碾磑，出有方土，用有物宜。凡砖瓦之作，瓶缶之器，

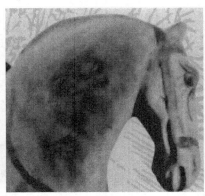

图 4-3-5 河南巩义出土题写"马食天仓"的陶马及局部

1.《全唐诗》卷五二〇，中华书局，1960年，第5941页。
2.《旧唐书》卷一七四《李德裕传》，中华书局，1975年，第4513页。
3. 霍巍、赵德云：《战国秦汉时期中国西南的对外文化交流》，巴蜀书社，2007年；霍巍：《西南考古与中华文明》，巴蜀书社，2011年。
4. 张新月、杨铁甫、李国霞：《巩义出土的唐代题字俑》，《中原文物》2007年第2期；梅则文、廖永民：《唐代题字陶俑探秘》，《收藏》2010年第12期。

大小高下，各有程准。凡丧葬则供其明器之属，别敕葬者供，余并私备。三品以上九十事，五品以上六十事，九品以上四十事。当圹、当野、祖明、地轴、革延马、偶人，其高各一尺，其余音声队与童仆之属，威仪、服玩，各视生之品秩所有，以瓦、木为之，其长率七寸。[1]

马、偶人及四神为一组，高于其余明器，可知唐墓中马较特殊。此外，《通典》卷八六《礼典四六·荐车马明器及棺饰》亦将马与偶人相并列：

太极元年六月，右司郎中唐绍上疏曰："……王公百官，竞为厚葬，偶人像马，雕饰如生，徒以炫耀路人，本不因心致礼。更相煽慕，破产倾资，风俗流行，下兼士庶。若无禁制，奢侈日增。望请王公以下，送葬明器，皆依令式，并陈于墓所，不得于衢路舁行。"[2]

由此可见，唐代墓葬中随葬的部分陶马，当与升仙思想相关，应为天马。唐代鎏金铜杏叶[3]（图4-3-6，1）所见翼马头上长角，下方山峰应是要表现仙山。相似的翼马在山西万荣唐代薛儆墓石椁线刻[4]（图4-3-6，2）、陕西礼泉县新城大长公主墓石门线刻[5]（图4-3-6，3）亦可见。这些都是唐代天马升仙思想的反映。

综合上述研究，唐代骑士翼马纹锦图像是波斯的典型纹样。骑士搂马纹最早见于帕提亚波斯时期的陶塑，萨珊银盘也多次出现，是起源于波斯的图案题材。在隋唐时期该图像已传播至中土，作为联珠纹锦的纹样，在新疆焉耆地区也出土骑士搂马题材的陶塑。骑士搏斗纹锦图像也是起源于波斯，是萨珊波斯银盘频繁出现的主题。北朝隋代入华粟特人石葬具中也多次出现波斯风格的骑

1.《唐六典》卷二三《将作都水监》，陈仲夫点校，中华书局，1992年，第593—597页。
2.《通典》卷八六《礼典四六·荐车马明器及棺饰》，王文锦等点校，中华书局，1988年，第2328页。
3. 孙机：《中国古舆服论丛（增订本）》，文物出版社，2001年，第106页。
4. 山西省考古研究所：《唐代薛儆墓发掘报告》，科学出版社，2000年，第21页。
5. 陕西省考古研究所等：《唐新城长公主墓发掘报告》，科学出版社，2004年，图九八（二）。

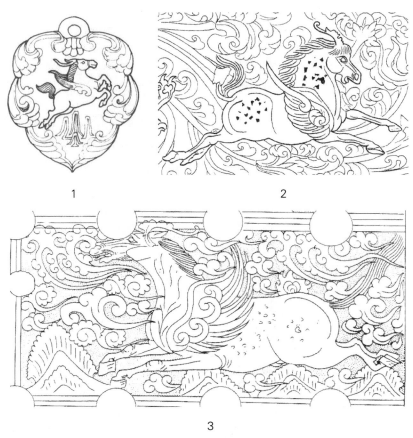

図4-3-6 唐代文物所见天马形象

1.唐代鎏金铜杏叶 2.山西万荣唐代薛儆墓石椁线刻 3.陕西礼泉县新城大长公主墓石门线刻

士搏斗图，入华粟特人对波斯艺术题材的吸收与传播，是织物纹样出现此图像的重要原因。骑士翼马纹锦应属文献所记载的中亚粟特后裔何稠所仿制波斯锦的类型，是入华的中亚粟特人参与设计织造波斯锦的实物例证。萨珊波斯风格的翼马纹，也出现于中亚粟特壁画和入华粟特人墓石葬具，粟特人是该图像的传播中介，由其传入中国并融入到织物纹样之中。骑士搂马纹锦、骑士搏斗纹锦以及联珠翼马纹锦，共同出现的图像主题是翼马，在织锦图案设计中频繁出现翼马，与中国的天马升仙思想密切相关。

武士形象与
中西文化
交流

5

—

魏晋南北朝隋唐时期武士形象受到西方影响有其特殊历史背景。当时中西交通畅通，各国交流、贸易往来频繁。来自中亚的粟特人起到中介传播作用，粟特商队往来贸易，并大量定居中国，是西方物质文明东传的主要承载者。这时期佛教在中国传播兴盛，源于印度的文化因素伴随佛教东传。统治阶层对西方风物、乐舞、服饰、习俗多较为包容，亦多推崇热衷者。武士形象因此吸收了诸多西方文化因素。

第一节　魏晋南北朝隋唐东西方交流及贸易

一、魏晋

魏晋时期，源于古希腊罗马铠甲系统的明光甲和源自波斯的锁子甲，都已在贵族中使用并见诸文献记载。从文献及出土文物中可知，当时中国与西方已有贸易往来，且已有胡人入居中国，武士形象所见西方冠饰及武备的影响，与这时期东西文化交流的历史背景相关。

三国曹魏明帝太和年间（227—233），仓慈出任敦煌太守，对当地豪族欺辱"西域杂胡"的情况加以整顿，商胡"欲诣洛者，为封过所；欲从郡还者，官为平取，辄以府见物与共交市，使吏民护送道路"[1]。其中的"西域杂胡"应当包括来自粟特地区的商胡（图5-1-1），他们以敦煌为根据地，有的前往洛阳进行贸易，有的由此返回家乡。曹魏西晋墓高鼻深目、短衣窄裤胡人形象俑较多地出现，有的身着盔甲，有的头顶部有一个海螺状的大发髻，这种俑左手执盾，右手挥舞，是胡人武士俑[2]，有些可能已经变为镇墓俑。山东滕州西晋元康九年（299）墓出土的一件胡俑背面刻一"胡"字[3]。粟特商人贸易往来于东西方，是这时期有不少尖帽胡人形象的重要原因。

东吴西晋陶俑中，有一种常见于东汉两广墓中的胡人顶罐俑，在江苏南京栖霞山甘家巷14号墓中发现两件[4]。南京郎家山1号墓胡俑头着尖帽，左手持盾，右手执物[5]。广西苍梧晋墓陶武士俑排成两列，一列右手执盾，左手荷刀于肩上，另一列姿势相反，皆头戴尖帽，站立在长方形底座上[6]。胡俑的地位皆不高，与堆塑罐上的胡人形象有相通之处，是当时社会现实状况的反映[7]。

十六国时期，已有大量粟特人东来充当雇佣兵。349年，当后赵（319—351）王室成员石氏为争夺王位而内讧厮杀之际，一些名号为龙骧将军的军官如孙伏都、刘铢"结羯士三千伏于胡天，亦欲诛（石）闵等"[8]。张广达先生指出：

1. 《三国志》卷一六《魏书·仓慈传》载："又常日西域杂胡欲来贡献，而诸豪族多逆断绝；既与贸迁，欺诈侮易，多不得分明。胡常怨望，慈皆劳之。欲诣洛者，为封过所，欲从郡还者，官为平取，辄以府见物与共交市，使吏民护送道路，由是民夷翕然称其德惠。数年卒官，吏民悲感如丧亲戚，图画其形，思其遗像。及西域诸胡闻慈死，悉共会聚于戊己校尉及长吏治下发哀，或有以刀画面，以明血诚，又为立祠，遥共祠之。"
2. 有研究者指出这类武士俑即文献记载"髯奴"，为内徙的匈奴等北方少数民族形象，是西晋社会流行的青牛、髯奴辟邪术在墓葬中的反映。参见宾娟：《西晋镇墓兽与青牛、髯奴》，《文博》2009年第2期。
3. 滕州市文化局、滕州市博物馆：《山东滕州市西晋元康九年墓》，《考古》1999年第12期，韦正：《魏晋南北朝考古》，北京大学出版社，2013年，第275页。
4. 南京博物院、南京市文物保管委员会：《南京栖霞山甘家巷六朝墓》，《考古》1976年第5期。
5. 南京市文物保管委员会：《南京六朝墓清理简报》，《考古》1959年第5期。
6. 广西梧州市博物馆：《广西苍梧倒水南朝墓》，《文物》1981年第12期。该墓葬时代简报作南朝，从出土器物看，很可能是西晋时期。参看韦正：《魏晋南北朝考古》，北京大学出版社，2013年，261页注3。
7. 韦正：《六朝墓葬的考古学研究》，北京大学出版社，2011年。
8. 《晋书》卷一〇七，中华书局，1974年，第2791页。

武士形象与中西文化交流

图 5-1-1 西晋戴尖顶帽胡人形象

1、2.河南洛阳出土西晋陶俑　3、4.甘肃高台地埂坡晋墓（220—316）出土壁画　5.甘肃嘉峪关6
号西晋墓出土胡人牵驼壁画（4世纪前半叶）

"羯族当源出于中亚，羯士是中亚号称为 Chakirs 的勇士。"[1]后赵覆灭前夕，冉闵仅在邺城即戮胡羯 20 余万人，其屯戍四方者尚不在内[2]，这只是石国移民之一例[3]，可见当时粟特雇佣兵数量之大。

东晋陶俑也有一定数量的胡人俑，如南京象山 7 号墓中就有几件尖帽俑，这与东晋早期胡人活动较为频繁的文献记载颇相吻合，该墓还出土西方舶来品[4]。南京富贵山 2 号墓出土的两件胡俑[5]，头戴三瓣式螺顶帽，两臂抬起作牵引状，出土时位于陶马一侧，可能是牵马俑[6]。

以上所述文献及出土文物，反映了这时期中西交流及贸易已有一定规模，且有不少胡人东来，以各种身份出现于魏晋社会生活中，武士形象因此开始出现西方因素。

二、北魏

源于波斯的明光甲、束甲绦绳中心束甲法等西方的武备形制，在北魏晚期已在北方使用。杨泓先生指出，北魏统一北方后，对社会文化发展起主要作用的因素有三：一是对北方和西北地区保留的汉晋文化传统的继承；二是拓跋鲜卑民族文化的发展与改造，以及对北方其他各族文化的汲取；三是南方的吴晋文化的影响。汇集了这三方面的积极因素，又从对外的文化交流中，特别是佛教文化中汲取养分，形成独特的北朝文化，为以后出现的更加繁荣的隋唐文化，

---

1. 张广达：《祆教对唐代中国之影响三例》，载张广达：《文本、图像与文化流传》，广西师范大学出版社，2008 年。文中亦指出祆教传入中国当在 4 世纪。
2.《资治通鉴》卷九八《晋纪》二〇，"穆帝永和五年"条，中华书局，1956 年，第 3099—3100 页。
3. 张广达：《吐鲁番出土汉语文书中所见伊朗语地区宗教的踪迹》，载张广达：《文本、图像与文化流传》，广西师范大学出版社，2008 年。
4. 林梅村：《南京象山 7 号墓出土西舶来品考》，载林梅村：《波斯考古与艺术》，北京大学出版社，2023 年。
5. 南京市博物馆、南京市玄武区文化局：《江苏南京市富贵山六朝墓地发掘简报》，《考古》1998 年第 8 期。
6. 韦正：《魏晋南北朝考古》，北京大学出版社，2013 年，第 261—262 页。

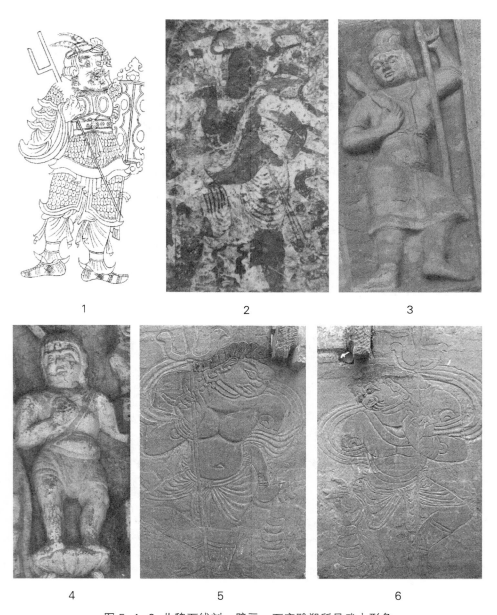

图 5-1-2　北魏石线刻、壁画、石窟雕塑所见武士形象

1.河南洛阳北魏宁懋石室石线刻穿明光甲持戟武士　2.山西怀仁丹阳王墓甬道西壁武士图　3.山西大同云冈石窟第9窟窟门金刚力士像　4.山西大同云冈石窟第10窟力士像　5、6.山西大同智家堡北魏吕续墓石椁外南壁浮雕武士像

打下基础[1]。北魏对不同文化进行吸收、融合，也反映在武备制度上。北魏武士形象中出现的西方因素，使用的深度和广度都高于此前。

魏晋南北朝后期西方文化全面影响中国，与北魏有莫大关系。北魏是中国北方少数民族第一次在黄河流域建立的统一政权。拓跋鲜卑承袭匈奴、乌桓以及其他民族的文化遗产，并且与西域存在紧密的联系，北魏政权的建立为西域文化进入中原打开大门。承担西方文化输入者角色的主要是中亚地区的粟特民族，粟特商人足迹遍及北中国的主要地区，在一些重要城市建立聚落。由其传入的西方文化以礼教最引人注目，旁及音乐、舞蹈、饮食、服饰、金银工艺，直到隋唐还发挥较大的影响[2]。

祆教曾传入北朝宫廷，特别是北魏（386—535）宫廷[3]。《魏书》记载，宣武帝（499—515年在位）笃信佛教，皇后即宣武帝死后摄政的灵太后，曾"废诸淫祀，而胡天神不在其列"[4]。从北魏时开始，其都城所在地区设有京师萨保，或者叫雍州萨保。在胡人东来建立聚落的凉州、张掖等地，也有州一级的萨保。这个制度经西魏、东魏而由北周、北齐继承下来[5]。北魏胡风盛行，武士形象已受西方影响[6]（图5-1-2）而发生较大改变，粟特人在其中起到重要作用。

（一）北魏早期定都平城

始光五年（428）北魏攻占统万城，设立统万镇，后改为夏州。太延五年（439），北魏征服北凉，迁徙其都城姑臧内大批粟特胡人前往平城。北魏还进而控制了

1. 杨泓：《北朝文化源流探讨之一：司马金龙墓出土遗物的再研究》，载杨泓：《汉唐美术考古和佛教艺术》，科学出版社，2000年。
2. 韦正：《魏晋南北朝考古》，北京大学出版社，2013年，第12页。
3. 张广达：《祆教对唐代中国之影响三例》，载张广达：《文本、图像与文化流传》，广西师范大学出版社，2008年。
4. 《魏书》卷一三，中华书局，1974年，第338页。
5. 荣新江：《北朝隋唐胡人聚落的宗教信仰与祆祠的社会功能》，载荣新江：《中古中国与粟特文明（修订版）》，生活·读书·新知三联书店，2014年。
6. 上海博物馆编：《壁上观：细读山西古代壁画》，北京大学出版社，2017年，第87页；［日］八木春生：《纹样与图像：中国南北朝时期的石窟艺术》，姚瑶等译，上海古籍出版社，2021年，第116页；靖晓亭：《山西大同智家堡北魏吕续浮雕彩绘石椁墓》，载国家文物局主编：《2022中国重要考古发现》，文物出版社，2023年。

整个河西走廊，势力进入西域。于是，从河西走廊经过薄骨律（灵州）、夏州（统万城），沿鄂尔多斯沙漠南缘到达北魏首都平城（大同），成为一条东西方往来的快捷途径（图5-1-3）。远自波斯、粟特的西域使者，纷纷到平城朝贡，六镇起兵反叛北魏后，统万城一带的胡人还与之应接[1]。

《魏书·世祖纪》记载太延元年（435）焉耆、车师、鄯善、粟特诸国遣使朝献，太延五年（439）"是岁，鄯善、龟兹、疏勒、焉耆、高丽、粟特、渴盘陁、破洛那、悉居半等国并遣使朝贡"[2]。

《北史》卷九七《西域传》记载：

> 粟特国，在葱岭之西，故之奄蔡，一名温那沙。居于大泽，在康居西北，去代（大同）一万六千里。先是，匈奴杀其王而有其国，至于忽倪，已三世矣。其国商人先多诣凉土贩货，及魏克姑臧，悉见虏。文成初，粟特王遣使请赎之，诏听焉。自后无使朝献。[3]

西域诸国派遣使者来到平城，也带动胡商陆续沿着西北古道经河套抵达北魏境内，北魏也派出20多批使者远赴西域。北魏平城时期在宗教、艺术、服饰等方面都受西域影响。《魏书·乐志》记载北魏：

> 世祖破赫连昌，获古雅乐，及平凉州，得其伶人、器服，并择而存之。后通西域，又以悦般国鼓舞设于乐署。[4]

山西大同北魏墓出土的众多胡人乐师形象与此文献相映证[5]，如大同云波

1. 荣新江：《中古中西交通史上的统万城》，载荣新江：《丝绸之路与东西文化交流》，北京大学出版社，2015年。
2. 《魏书》卷四上《世祖纪》，中华书局，1974年。
3. 《北史》卷九七《西域传》，中华书局，1975年。
4. 《魏书》卷一〇九《乐志》，中华书局，1974年。
5. 关于北魏陶俑的研究可参看王建舜：《北魏陶俑》，山西经济出版社，2020年。

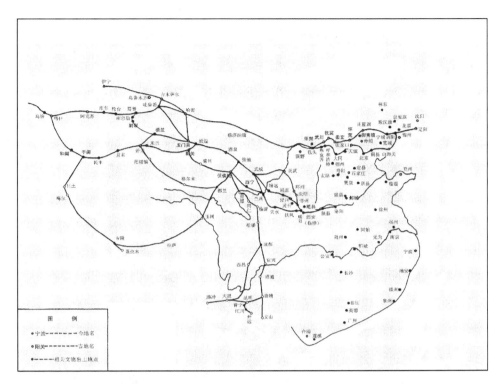

图 5-1-3 考古学上所见中国境内丝绸之路示意图 [1]

里路北魏壁画墓出土胡人乐师壁画 [2]、雁北师院北魏墓群 M2（宋绍祖墓）（图 5-1-4）和 M5[3] 以及大同御东新区北魏墓 [4] 出土胡人伎乐俑。这反映了北魏平城时期东西方文化碰撞交融，北朝后期和唐代社会各阶层普遍喜爱西域乐舞的风潮也受此影响 [5]。

---

1. 参考徐苹芳：《丝绸之路考古论集》，上海古籍出版社，2017 年，图版一。

2. 大同市考古研究所：《山西大同云波里路北魏壁画墓发掘简报》，《文物》2011 年第 12 期。

3. 大同市考古研究所：《雁北师范北魏墓群》，文物出版社，2008 年；骆东峰：《大同北魏墓葬中的乐舞形象》，《文物天地》2020 年第 12 期。

4. 大同市考古研究所：《山西大同御东新区御昌佳园北魏墓 M113 发掘简报》，《考古与文物》2021 年第 4 期。

5. 张庆捷、刘俊喜：《大同新发现两座北魏壁画墓年代初探》，《文物》2011 年第 12 期。

图 5-1-4 山西大同雁北师院北魏墓群 M2 胡人杂技俑

　　源于大月氏的下颌托也首先出现于此时的墓葬中。大同南郊北魏墓群[1]是我国境内出土下颌托年代最早的地方，时间从拓拔鲜卑迁都平城（大同）前至迁都洛阳后，共出土 11 件之多，墓主为拓拔鲜卑人。内蒙古正镶白旗伊和淖尔北魏墓 M1（5 世纪晚期）也出土金下颌托和诸多反映东西交流的文物[2]（图 5-1-5）。阿富汗北部提利亚遗址 M6 出土的金下颌托是目前所知年代最早的金下颌托，此地为年代与汉代相当的大月氏墓地[3]，是下颌托起源地[4]。由此也可知北魏平城在中西交流中的特殊地位及对外来文化的吸收。宁夏固原九龙山隋至初唐墓 M33 出土金冠饰及下颌托，金冠顶部为源

1. 山西大学历史文化学院、山西省考古研究所、大同市博物馆：《大同南郊北魏墓群》，科学出版社，2006 年。

2. 中国人民大学历史学院考古文博系等：《内蒙古正镶白旗伊和淖尔 M1 发掘简报》，《文物》2017 年第 1 期；王晓琨：《试析伊和淖尔 M1 出土人物银碗》，《文物》2017 年第 1 期；国家文物局主编：《2016 中国重要考古发现》，文物出版社，2017 年，第 92—95 页。

3.［日］樋口隆康：《出土中国文物的西域遗迹》，《考古》1992 年第 12 期。

4. 吴小平、崔本信：《三峡地区唐宋墓出土下颌托考》，《考古》2010 年第 8 期。

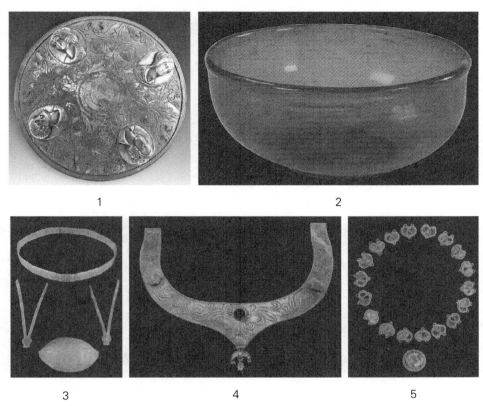

图 5-1-5 内蒙古正镶白旗伊和淖尔北魏墓群出土文物

1. 西亚鎏金錾花人物银碗 2. 玻璃碗 3. 金下颌托 4. 金项饰 5. 镶宝石金饰件

图 5-1-6 宁夏固原出土金下颌托

1、2. 固原九龙山隋至初唐墓 M33 出土金冠饰及下颌托 3. 固原南郊唐史道德墓出土金覆面及下颌托

于波斯的日月形饰[1]（图 5-1-6，1、2），墓主为欧罗巴人种[2]，或为粟特人。宁夏固原入华粟特人史道德墓中也出土了金下颌托[3]（图 5-1-6，3）。可知信仰祆教的粟特人也使用下颌托，且有可能起到传播中介作用[4]。

以山西大同恒安街北魏墓出土饰物为例，也可反映出源于大月氏的文化因素。如产自大月氏的金耳饰（图 5-1-7，1），发掘者指出其造型和制作技术，都与阿富汗北部席巴尔甘大月氏墓 M2 出土双龙守护国王耳坠相似。该北魏墓还出土玻璃珠项饰，间隔有水晶珠和金珠，可能与大月氏人在平城制作琉璃相关[5]（图 5-1-7，2）。《北史·大月氏传》载：

> （魏）太武时，其国（大月氏）人商贩京师，自云能铸石为五色琉璃。于是采矿于山中，即京师铸之，既成，光泽乃美于西方来者。乃诏为行殿，容百余人，光色映彻，观者见之，莫不惊骇，以为神明所作。自此，国中琉璃遂贱，人不复珍之。[6]

大月氏人在大同制造玻璃应为史实。大同南郊变电站北魏墓 M6 和 M20 出土玻璃器，大同迎宾大道北魏墓 M16 和 M37 出土玻璃器，即为平城生产[7]。5世纪时，中亚的工匠将吹制玻璃技术传到中国，这是中国玻璃史上的一个重要

---

1. 陈婧修：《固原九龙山 M33 出土下颌托研究》，载朱玉麒主编：《西域文史》（第十二辑），科学出版社，2018 年。
2. 宁夏文物考古研究所：《固原九龙山汉唐墓葬》，科学出版社，2012 年。
3. 宁夏固原博物馆：《宁夏固原唐史道德墓清理简报》，《文物》1985 年第 11 期。
4. 冯恩学：《下颌托：一个被忽视的祆教文化遗物》，《考古》2011 年第 2 期。宋馨：《中国境内金属下颌托的源流与演变：兼谈下颌托与流寓中国粟特人的关系》，载荣新江、罗丰主编：《粟特人在中国：考古发现与出土文献的新印证》，科学出版社，2016 年。关于下颌托的研究还可参见王维坤、赵今：《再论我国境内出土下颌托的性质及其来源》，载北京大学中国考古学研究中心编：《两个世界的徘徊：中古时期丧葬观念风俗与礼仪制度学术研讨会论文集》，科学出版社，2016 年；霍巍、庞政：《试论中国境内出土的下颌托》，《考古学报》2020 年第 2 期。
5. 大同市考古研究所：《山西大同恒安街北魏墓（11DHAM13）发掘简报》，《文物》2015 第 1 期。
6. 《北史》卷九七，中华书局，1974 年，第 3226 页。
7. 安家瑶、刘俊喜：《大同地区的北魏玻璃》，载张庆捷、李书吉、李纲主编：《4—6 世纪的北中国与欧亚大陆》，科学出版社，2006 年。

1

2

3

图 5-1-7 山西大同恒安街北魏墓出土饰物

1. 大月氏所制金耳饰　2. 玻璃珠项饰　3. 铜摇叶饰片

转折[1]。山西大同恒安街北魏墓出土的若干水滴形铜摇叶饰片（图5-1-7，3），也是受大月氏步摇冠影响。由山西大同恒安街北魏墓出土饰物可以管窥，北魏平城时代在首饰、项饰等方面，也有源自大月氏的影响，且受到当时贵族推崇。

---

1. 安家瑶：《丝绸之路上的玻璃器》，载荣新江、罗丰主编：《粟特人在中国：考古发现与出土文献的新印证》，科学出版社，2016年。

考古发掘出土的北魏平城时代遗物，也多反映此时与西方贸易频繁，西方风物多受推崇。山西大同北魏司马金龙墓出土的众多随葬品中[1]，有胡人俑与载物陶骆驼[2]（图5-1-8，1），内蒙古大学北魏墓也有胡人俑与陶骆驼组合[3]（图5-1-8，2）。这样的组合出现在墓中，正反映了平城胡商云集的状况。山西大同北魏宋绍祖墓亦有胡人俑和陶骆驼组合，还有圆形、方形两种陶毡帐模型[4]。山西大同文瀛路北魏壁画墓发现北魏墓室中最早的胡人牵驼图[5]（图5-1-8，3、4），墓主人可能和西域渊源较深[6]。

山西大同南郊北魏平城遗址出土了银八曲长杯（图5-1-9，1）、鎏金刻花银碗（图5-1-9，2）和3件鎏金高足铜杯（图5-1-9，3、4）。银八曲长杯为5—6世纪大夏所制；鎏金刻花银碗、鎏金高足铜杯具有希腊化风格，孙培良先生指出其产地在伊朗东北部[7]，时代为5世纪末6世纪初[8]。山西大同南郊北魏墓M107亦出土一件同样风格的银碗，年代为5世纪后半叶[9]。前述山西大同北魏正始元年（504）屯骑校尉建威将军洛州刺史封和突墓，亦出土萨珊波斯贵族猎野猪金花银盘[10]（图4-3-1，1）。大同以外，在甘肃靖远出

1. 大同市博物馆、山西省文物管理委员会：《山西大同石家寨北魏司马金龙墓》，《文物》1972年第3期。
2. 关于出土骆驼图像详参齐东方：《丝绸之路的象征符号：骆驼》，《故宫博物院院刊》2004年第6期；齐东方：《碰撞与交融：考古发现与外来文化》，科学出版社，2021年。
3. 郭素新：《内蒙古呼和浩特北魏墓》，《文物》1977年第5期；图采自国家文物局主编：《文物精华大辞典·陶瓷卷》，上海辞书出版社、商务印书馆，1998年，第112页。
4. 大同市考古研究所：《雁北师范北魏墓群》，文物出版社，2008年。
5. 大同市考古研究所：《山西大同文瀛路北魏壁画墓发掘简报》，《文物》2011年第12期；上海博物馆编：《壁上观：细读山西古代壁画》，北京大学出版社，2017年，第93页。
6. 张庆捷、刘俊喜：《大同新发现两座北魏壁画墓年代初探》，《文物》2011年第12期。
7. 孙培良：《略谈大同市南郊出土的几件银器和铜器》，《文物》1977年第9期。大夏立国于中亚希腊人长期住的巴克特里亚，这里的工艺风格主流是希腊罗马式，但也杂有波斯乃至斯基泰的影响，3件鎏金高足铜杯，可能制作于大夏。参见孙机：《建国以来西方古器物在我国的发现与研究》，载孙机：《仰观集——古文物的欣赏与鉴别（修订本）》，文物出版社，2015年。
8. 时代参见罗丰：《北周李贤墓中亚风格的鎏金银瓶》，《考古学报》2000年第3期。
9. 山西考古研究所等：《大同市郊北魏墓群发掘简报》，《文物》1992年第8期；王银田、王雁卿：《大同南郊北魏墓M107发掘报告》，载《北朝研究》，北京燕山出版社，2000年。该墓还出土一件玻璃碗，可能为萨珊王朝所制。
10. 夏鼐：《北魏封和突墓出土萨珊银盘考》，《文物》1983年第8期；马玉基：《大同市小站村花疙瘩台北魏墓清理简报》，《文物》1983年第8期。

图 5-1-8 北魏牵驼胡人形象

1. 山西大同北魏司马金龙墓牵驼俑 2. 内蒙古大学北魏墓牵驼俑 3、4. 山西大同文瀛路北魏壁画墓
壁画及局部图

土一件鎏金银盘[1]，应为大夏制品，时代为 5 世纪末 6 世纪初[2]。可见，北魏平城时期，贵族拥有萨珊、大夏等地所制金银器应为时尚。在此背景下，武士形象出现西方文化因素应在情理之中。

---

1. 初仕宾：《甘肃靖远新出土东罗马鎏金银盘考》，《文物》1990 年第 5 期。
2. 林梅村：《中国境内出土带铭文的波斯和中亚银器》，《文物》1997 年第 9 期。亦载林梅村：《汉唐西域与中国文明》，文物出版社，1998 年。

图 5-1-9 山西大同南郊北魏平城遗址出土西方金银器

1. 银八曲长杯　2. 鎏金刻花银碗　3. 鎏金镶嵌高足铜杯　4. 鎏金高足铜杯

（二）北魏迁都洛阳以后

《洛阳伽蓝记》卷三记：

  永桥以南，圜丘以北，伊洛之间，夹御道，东有四夷馆，一曰金陵，二曰燕然，三曰扶桑，四曰崦嵫。道西有四夷里，一曰归正，二曰归德，三曰慕化，四曰慕义。吴人投国者，处金陵馆，三年已后，赐宅归正里。……

北夷来附者，处燕然馆，三年已后，赐宅归德里。……北夷酋长遣子入侍者，常秋来春去，避中国之热，时人谓之雁臣。东夷来附者，处扶桑馆，赐宅慕化里。西夷来附者，处崦嵫馆，赐宅慕义里。自葱岭已西，至于大秦，百国千城，莫不款附。商胡贩客，日奔塞下。所谓尽天地之区已。乐中国土风因而宅者，不可胜数。是以附化之民，万有余家。门巷修整，阊阖填列。青槐荫陌，绿柳垂庭。天下难得之货，咸悉在焉。[1]

文献所记非虚，中国北方在北魏建都洛阳以后，胡人来华已有相当规模[2]。北魏时期，男女的服饰已受胡人影响[3]。永熙二年（533），祖莹上书提道：

长衫襞帽，阔带小靴，自号惊紧，争入时代，妇女衣髻，亦尚危侧，不重从容，但笑宽缓。[4]

从记载可知当时社会受胡服影响的情况。源于印度的帔帛、中亚及西亚流行的翻领袍，此时已经行用。

《洛阳伽蓝记》卷四记载：

于是帝族王侯，外戚公主，擅山海之富，居山川之饶。争修园宅，互相夸竞。……而河间王琛最为豪首。……琛常会宗室，陈诸宝器。金瓶银瓮百余口，瓯檠盘盒称是。自余酒器，有水晶钵、玛瑙杯琉璃碗、赤玉卮数十枚。作工奇妙，中土所无，皆从西域而来。[5]

1. 周祖谟：《洛阳伽蓝记校释》，中华书局，1987年，第130—132页。
2. 关于古代洛阳与中西文化交流的研究可参见张乃翥、张成渝：《洛阳与丝绸之路》，国家图书馆出版社，2009年；张乃翥、张成渝：《丝绸之中视域中的洛阳石刻》，上海古籍出版社，2018年；王军花：《洛阳古代异域移民遗存研究》，上海交通大学出版社，2022年。
3. 霍巍：《唐代的胡人俑与唐代的中外文化交流》，载霍巍：《西南考古与中华文明》，巴蜀书社，2011年。
4. 马端临：《文献通考》卷一二九，中华书局影印本，1986年。
5. 周祖谟：《洛阳伽蓝记校释》，中华书局，1987年。

武士形象与中西文化交流

河间王元琛任秦州（今甘肃天水）刺史时藏有水晶钵、玛瑙杯等各种"从西域而来"的珍宝，且数量较多，可知当时高级贵族对西方珍宝的崇尚。

与这条史料相互印证的是河北定县塔基石函，其盝顶表面刻有北魏太和五年（481）孝文帝与文明太皇太后"路迳（定）州市临通衢"建五层佛图"于州东之门"的铭文。石函内藏波斯银币、铜钱和金、银、铜、琉璃、玉、玛瑙、珍珠、贝、水晶、珊瑚等文物共计5657件，其中波斯银币41件、玻璃钵1件、琉璃瓶5件以及其他玻璃杂器，都是来自西方的物品[1]。这是保存完好、时代最早的佛教石函，很可能安置于原塔基之中，函中文物显示了皇家对于西方珍品的拥有程度[2]。

在河南洛阳及其附近的北魏墓葬中，出土了许多胡人俑与陶驼、陶马和陶驴的组合。河南洛阳纱厂北魏墓[3]（图5-1-10，1）、河南偃师北魏染华墓[4]（图5-1-10，2）、河南偃师侯掌墓[5]、河南洛阳北魏元邵墓[6]（图5-1-10，3、4）、元义墓[7]、元睿墓[8]、吕达墓[9]（图5-1-10，5）等墓中，均出土以胡人俑及载物骆驼为代表的胡商组合随葬品。其中吕达墓还出土中亚传入的镶宝石金戒指，为目前所见最早者。北魏后期，除今河南省外，在陕西西安北魏韦辉和墓[10]（图

1. 河北省文化局文物工作队：《河北定县出土北魏石函》，《考古》1966年第5期。
2. 韦正：《魏晋南北朝考古》，北京大学出版社，2013年，第442页。
3. 洛阳市第二文物工作队：《洛阳纱厂西路北魏墓HM555发掘简报》，《文物》2002年第9期。图采自洛阳文物管理局编，俞凉亘、周立主编：《洛阳陶俑》，北京图书馆出版社，2005年，第84页。
4. 偃师商城博物馆：《河南偃师南蔡庄北魏墓》，《考古》1991年第9期；偃师商城博物馆：《河南偃师县两座北魏墓发掘简报》，《考古》1993年第5期。
5. 洛阳文物工作队：《洛阳孟津晋墓、北魏墓发掘简报》，《文物》1991年第8期。
6. 洛阳博物馆：《洛阳北魏元邵墓》，《考古》1973年第4期。元邵墓两件胡俑颇具特征，儿童胡俑，蹲坐于地，右手抱颈，左臂枕膝，埋首于肘间，满头卷发，上身长袍，腰束带，红裤，着长筒靴；成人胡俑，卷发多髯，穿圆领袍，右臂下垂，左臂半抬在腹前。参见韦正：《魏晋南北朝考古》，北京大学出版社，2013年，第279页。这类短发、深目高鼻、多髯的胡人形象，塑造粟特人的可能性应也存在。
7. 洛阳博物馆：《河南洛阳北魏元义墓调查》，《文物》1974年第12期。
8. 中国社会科学院考古研究所河南二队：《河南偃师县杏园村的四座北魏墓》，《考古》1991年第9期。
9. 洛阳市文物工作队：《河南洛阳市吉利区两座北魏墓的发掘》，《考古》2011年第9期。
10. 西安市文物保护考古所：《西安南郊北魏北周墓发掘简报》，《文物》2009年第5期。关于该墓陶俑的研究还可参见张全民：《略论关中地区北魏、西魏陶俑的演变》，《文物》2010年第11期。

图 5-1-10 北魏墓葬出土胡人俑

1.河南洛阳纱厂北魏墓　2.河南偃师北魏染华墓（526 年）3、4.河南洛阳北魏元邵墓（528 年）
5.河南洛阳北魏吕达墓

图 5-1-11 北魏墓葬出土胡商形象胡人俑

1.陕西西安北魏韦辉和墓　2.山西北魏墓　3.山西万荣北魏薛怀吉墓

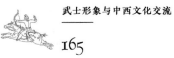

5-1-11，1）、河北省景县高氏墓[1]、河北曲阳北魏墓[2]、山西北魏墓（图5-1-11，2）、山西万荣北魏薛怀吉墓[3]（图5-1-11，3），也出现了类似组合俑，数量也有较大的增加[4]。

以上列举的文献和出土文物，都反映了北魏迁都洛阳以后崇尚西方风物的情况，胡商往来不绝，胡人东来定居中国达到相当规模，武士形象也因此受胡人影响，出现较多西方文化因素。

三、东魏、北齐

东魏武士形象受西方影响较大，不仅此前出现的西方因素得到继承和发展，这时期东西方文化贸易交流较为通畅也增强了这种影响。

河北赞皇东魏李希宗墓[5]首次出现骑马露髻女俑，这是粟特人带来的习俗[6]。该墓还出土牵驼胡商形象俑、鎏金银戒指、东罗马金币[7]（图5-1-12），这些反映中西交流的出土物，是东魏胡风较盛的实物证据，也佐证了东魏武士形象出现西方文化因素的历史原因。

目前在河北磁县东魏茹茹公主墓[8]（图5-1-13，1、2）、河北磁县东陈村

1. 河北省文物管理处：《河北景县高氏墓地发掘简报》，《文物》1979年第3期。
2. 河北省博物馆、文物管理处：《河北曲阳发现北魏墓》，《考古》1972年第5期。
3. 山西省考古研究院等：《山西万荣西思雅北魏薛怀吉墓发掘简报》，《文物》2023年第1期。
4. 张庆捷：《北朝隋唐的胡商俑、胡商图与胡商文书》，载张庆捷：《民族汇聚与文明互动：北朝社会的考古学观察》，商务印书馆，2010年。
5. 石家庄文化局文物发掘组：《河北赞皇东魏李希宗墓》，《考古》1977年第6期。
6. 赵其旺、吕千云：《中古中国女性帽冠、头饰研究》，成都时代出版社，2021年。
7. 关于考古发现的东罗马钱币的研究参见郭云艳：《罗马—拜占庭帝国嬗变与丝绸之路：以考古发现钱币为中心》，中央编译出版社，2022年。图采自中国社会科学院考古研究所编：《中国考古学·三国两晋南北朝卷》，中国社会科学出版社，2018年，第603页。
8. 磁县博物馆：《河北磁县东魏茹茹公主墓发掘简报》，《文物》1984年第4期。墓中还出土拜占庭金币。

1

2   3

图 5-1-12　河北赞皇东魏李希宗墓出土东罗马金币（拓本）

1. 狄奥多西斯二世金币　2、3. 查士丁一世和查士丁一世共治时期金币

东魏墓[1]（图 5-1-13，3）、河北磁县东魏元祜墓[2]（图 5-1-13，4）、河北吴桥北朝墓[3]等东魏墓中也都出土象征胡商的组合俑，且牵驼胡俑造型相似，不论是种族、身材还是发型、衣饰，均十分相近。该时期很可能此类胡商在所有入华胡商中占有较大比例，所以工匠把他们作为胡商代表而造成明器。此类胡俑形象，与北朝粟特人墓石葬具中粟特人形象相似，特别是所戴虚帽以及腰间的配囊。

　　北齐是一个特殊的时代，虽然存在仅 28 年，但却留下了丰富的文化遗存。北齐壁画、陶俑、石刻等文物，都展现出当时服饰受西方影响甚大，骑马武士俑所见缀摇叶服饰即首先出现于北齐。

　　北齐胡风盛行，因而武士形象中才出现如此多西方因素。《隋书》卷一四

---

1. 磁县文化馆：《河北磁县东陈村东魏墓》，《考古》1997 年第 6 期。简报亦称二俑皆为胡俑。女俑深目高鼻，相貌的确有异于常见女俑。

2. 中国社会科学院考古研究所河北工作队：《河北磁县北朝墓群发现东魏皇族元祜墓》，《考古》2007 年第 11 期。元祜为魏武帝拓跋焘之重孙，葬于东魏皇室陵区内，东距东魏北齐都城邺城遗址约七千米。

3. 河北省沧州地区文化馆：《河北省吴桥四座北朝墓葬》，《文物》1984 年第 9 期。

图 5-1-13 东魏、北齐陶俑及壁画中胡人形象

1、2.河北磁县东魏茹茹公主墓出土胡人俑 3.河北磁县东陈村东魏墓出土胡女俑及牵驼胡俑 4.河北磁县东魏元祜墓胡人俑 5、6.山西忻州九原岗东魏至北齐早期壁画胡商及胡人武士 7、8.山西朔州水泉梁北齐壁画墓胡商及牵引牛车胡人

《音乐志》称：

> 至河清（562—565）以后，传习尤盛。后主唯赏胡戎乐，耽爱无已。于是繁手淫声，争新哀怨。故曹妙达、安未弱、安马驹之徒，至有封王开府者，遂服簪缨而为伶人之事。[1]

《北史》卷九二《恩幸传》亦载：

> 武平时（570—576）有胡小儿……其曹僧奴、僧奴子妙达，以能弹胡琵琶，甚被宠遇，俱开府封王。……其何朱弱、史丑多之徒十数人，咸以能舞工歌及善音乐者，亦至仪同开府。[2]

此为北齐后主在音乐舞蹈方面接受西胡文化的情形，以粟特曹国、安国出身的胡人影响最大。陈寅恪先生指出"北齐之宫廷尤以其末年最为西域胡化"[3]。荣新江先生指出，北齐后主高纬（565—576年在位）应是北齐末年最积极吸收西胡文化的人。《隋书》卷七《礼仪志》载：北齐"后主末年，祭非其鬼，至于躬自鼓舞以事胡天，邺中遂多淫祀，兹风至今不绝"[4]。"胡天"应是指粟特人所信仰的祆神[5]。由此足见北齐末年胡风之盛。

粟特人安吐根即在北齐受到高欢信任而身居要职[6]。《隋书》卷二七《百官志》

---

1. 《隋书》卷一四《音乐志》，中华书局，1973年，第331页。
2. 《北史》卷九二《恩幸传》，中华书局，1974年，第3055页。
3. 陈寅恪：《隋唐制度渊源略论稿》，中华书局，1963年，第122页。
4. 《隋书》卷七《礼仪志》，中华书局，1973年。
5. 荣新江：《中古贵族墓室壁画上的胡风——猎豹、杂服及其他》，载荣新江：《中古中国与粟特文明（修订版）》，生活·读书·新知三联书店，2014年。张广达先生指出，"胡天"一词指的是祆教天神或祭祀祆教天神之所在。参见张广达《吐鲁番出土汉语文书中所见伊朗语地区宗教的踪迹》，载张广达：《文本、图像与文化流传》，广西师范大学出版社，2008年。
6. 《北史》卷九二《恩幸·安吐根传》记："安吐根，安息胡人，曾祖入魏，家于酒泉。吐根，魏末充使蠕蠕，因留塞北。天平初，蠕蠕主使至晋阳，吐根密启本蕃情状，神武（高欢）得为之备。蠕蠕果遣兵入掠，无获而反。神武以其忠款，厚加赏费。其后与蠕蠕和亲，结成婚媾，皆吐根为行人也。吐根性和善，颇有计策，频使入朝，为神武亲待。其在本蕃，为人所谮，奔投神武。文襄（高澄）嗣事，以为假节、凉州刺史、率义侯，稍迁仪同三司，食永昌郡干。"

中记北齐官制有"京邑萨甫二人，诸州萨甫一人"。《康元敬墓志》中所见"九州摩诃大萨宝"[1]，或许是管理全国萨保府事务的官职，也可能等同于京邑萨甫。另外，还有北齐并州萨甫、定州萨甫以及萨甫下司录的职官[2]。

从文献记载也可窥见北齐时期入华粟特商队的规模。《周书》卷五〇《吐谷浑传》即有魏废帝二年（553）胡人商队的记载：

> 是岁，夸吕又通使于齐氏，凉州刺史史宁觇知其还，率轻骑袭之于州西赤泉，获其仆射乞伏触扳、将军翟潘密、商胡二百四十人、驼骡六百头、杂彩丝绢以万计。[3]

由此文可知这是吐谷浑派到北齐而返回的使团，同时也是贸易队伍，使团的首领是吐谷浑的官员，而队伍的主体是商胡。从翟潘密的名字推测他是商队的首领又是使团的将军。商团人数在 240 人以上，浩浩荡荡蔚为壮观[4]。

目前出土雕刻粟特人形象的石葬具，时代也多在北齐。山东益都出土北齐石刻[5]（图 5-1-14，1）、日本美秀博物馆藏北齐石榻（图 5-1-14，2）都出现了商队图像。山东青州北齐造像上的图像[6]（图 5-1-14，3）表现了不同国家的人组成一个多种族商队的情景，右侧戴帽者，举止装束及所处的位置都像是商队首领[7]。

1.《康元敬墓志》称："君讳元敬，字留师，相州安阳人也。原夫吹律命氏，其先肇自康居毕万之后，因从孝文，遂居于邺。祖乐，魏骠骑大将军，又迁徐州诸军事。父件相，齐九州摩诃大萨宝，寻改授龙骧将军。"北京图书馆金石组编：《北京图书馆藏中国历代石刻拓本汇编（第 15 册）》，中州古籍出版社，1989 年，第 193 页。
2. 荣新江：《北朝隋唐胡人聚落的宗教信仰与祆祠的社会功能》，载荣新江：《中古中国与粟特文明（修订版）》，生活·读书·新知三联书店，2014 年。
3.《周书》卷五〇《吐谷浑传》，中华书局，1971 年，第 913 页。
4. 荣新江：《北周史君墓石椁所见之粟特商队》，载荣新江：《中古中国与粟特文明（修订版）》，生活·读书·新知三联书店，2014 年。
5. 青州市博物馆编：《山东青州傅家庄北齐线刻画像石》，齐鲁书社，2014 年。
6. 罗宗真主编：《魏晋南北朝文化》，学林出版社、上海教育出版社，2000 年，第 326 页；青州市博物馆编：《青州龙兴寺佛教造像艺术》，山东美术出版社，2003 年，图 131。
7. 荣新江：《北周史君墓石椁所见之粟特商队》，载荣新江：《中古中国与粟特文明（修订版）》，生活·读书·新知三联书店，2014 年。

1 2 3

图 5-1-14 北齐文物所见粟特商队

1 山东益都出土北齐石刻图　2. 日本美秀博物馆藏北齐石榻　3. 山东青州北齐法界人中像上的胡人

　　北齐墓葬出土的胡人乐舞纹扁壶[1]（图 5-1-15，1、2）上的乐舞场面与北朝入华粟特人石葬具所刻胡腾舞相近，从侧面反映北齐社会对胡人乐舞的崇尚。山西太原玉门沟采集北齐胡人献狮纹扁壶[2]（图 5-1-15，3）上的短发胡人驯带两只蹲踞狮子，图像印证了文献所记当时中亚昭武九姓进献异兽的场景。

　　北齐达官贵人的墓葬亦多有胡商组合俑[3]，如河北湾漳大墓[4]、山西太原张肃俗墓[5]、山西太原娄睿墓[6]、山西太原贺娄悦墓[7]、河南安阳范粹墓[8]、河

1. 扁壶图片采自国家文物局主编：《中国考古 60 年（1949—2009）》，文物出版社，2009 年，第 343 页；大西北遗珍编委会：《丝绸之路：大西北遗珍》，文物出版社，2010 年，第 96 页。
2. 太原市文物考古研究所编：《晋阳古城》，文物出版社，2005 年，第 38 页。
3. 张庆捷：《北朝隋唐的胡商俑、胡商图与胡商文书》，载张庆捷：《民族汇聚与文明互动：北朝社会的考古学观察》，商务印书馆，2010 年。
4. 中国社会科学院考古研究所、河北省文物研究所：《磁县湾漳北朝壁画墓》，科学出版社，2003 年。虽未发现文字资料，但据墓葬规模及出土文物等推测墓主为北齐文宣帝高洋。
5. 山西省博物馆：《太原圹坡张肃俗墓文物图录》，中国古典艺术出版社，1958 年。
6. 山西省考古研究所等：《北齐东安王娄睿墓》，文物出版社，2006 年，第 93 页。
7. 常一民：《太原市神堂沟北齐贺娄悦墓整理简报》，《文物季刊》1992 年第 3 期。
8. 河南省博物馆：《河南安阳北齐范粹墓发掘简报》，《文物》1972 年第 1 期。范粹为北齐骠骑大将军、凉州刺史。

图 5-1-15 北齐装饰胡人形象扁壶
1.河南安阳北齐范粹墓出土胡人乐舞纹扁壶 2.宁夏固原北齐墓出土胡人乐舞纹扁壶 3.山西太原
玉门沟采集北齐胡人献狮纹扁壶

北磁县高润墓 [1]、河北磁县元良墓 [2]、山东济南市东八里洼壁画墓 [3] 等等，皆出土有形形色色的牵驼俑，以及承载贸易货物的陶骆驼、陶马匹、陶毛驴。太原北齐韩祖念墓中，还首次出土了骑驼俑的造型 [4]，同时出土了西方玻璃器 [5]。河北磁县北齐皇族、修城王高孝绪墓，还出土了拜占庭金币及步摇冠金饰片 [6]。山西忻州九原岗东魏至北齐早期壁画墓，精细绘有短发贩马胡商及胡人武士形象 [7]（图 5-1-13，5、6）。山西朔州水泉梁北齐壁画墓，也绘有 4 位身份不同的短发胡人形象 [8]（图 5-1-13，7、8）。

山西太原北齐徐显秀墓壁画中，首先出现了反映源于中亚粟特的袍服局部装饰织物习俗的文物，粟特人常用的盘辫发型亦首见于此墓。墓室壁画还有较多外来文化因素，表现在所持外来器物、衣裙图案 [9]，还有织物装饰部位上。譬如东壁盘辫发侍女使用联珠纹织物装饰衣缘，北壁两个侍女穿联珠纹长裙 [10]（图 5-1-16，1、2），联珠圈内主纹为对兽、菩萨头像 [11] 等，这些图案源自中亚或者西亚。壁画中用联珠纹织物装饰鞍袱边缘，此装饰习俗常见于中亚壁画。牵引牛车的胡人短发多髯、深目高鼻，应为中亚人形象（图 5-1-16，3）。墓中出土的装饰联珠纹镶宝石金戒指（图 5-1-16，4），也与粟特人相关 [12]。

1. 磁县文化馆：《河北磁县北齐高润墓》，《考古》1979 年第 3 期。高润为北齐神武皇帝高欢之十四子，《北史》《北齐书》均有其传，天保初年封为冯翊王，卒于北齐武平六年（575）。
2. 磁县文物管理所：《河北磁县北齐元良墓》，《考古》1997 年第 3 期。
3. 山东省文物考古研究所：《济南市东八里洼北朝壁画墓》，《文物》1989 年第 4 期。
4. 太原市文物考古研究所编：《太原北齐韩祖念墓》，科学出版社，2020 年。
5. 员雅丽、冯钢：《北齐韩祖念墓出土玻璃杯考：兼论魏晋南北朝时期波斯玻璃器之东传》，《华夏考古》2020 年第 2 期。
6. 国家文物局主编：《2009 中国重要考古发现》，文物出版社，2010 年。
7. 山西省考古研究所等：《山西忻州市九原岗北朝壁画墓》，《考古》2015 年第 7 期。
8. 山西省考古研究所等：《山西朔州水泉梁北齐壁画墓发掘简报》，《文物》2010 年第 12 期。
9. 张庆捷：《北齐徐显秀墓壁画中的女性形象》，载张庆捷：《民族汇聚与文明互动：北朝社会的考古学观察》，商务印书馆，2010 年。
10. 太原市文物考古研究所：《北齐徐显秀墓》，文物出版社，2005 年，第 33、42、62 页。
11. 荣新江：《略谈徐显秀墓壁画上的菩萨联珠纹》，载荣新江：《中古中国与粟特文明（修订版）》，生活·读书·新知三联书店，2014 年。
12. 镶蓝宝石金戒指之纹饰、工艺、戒面图案，皆具粟特艺术风格，可能由粟特商人带来。参见张庆捷：《北齐徐显秀墓外来宝石戒指及其社会背景》，载张庆捷：《民族汇聚与文明互动：北朝社会的考古学观察》，商务印书馆，2010 年。

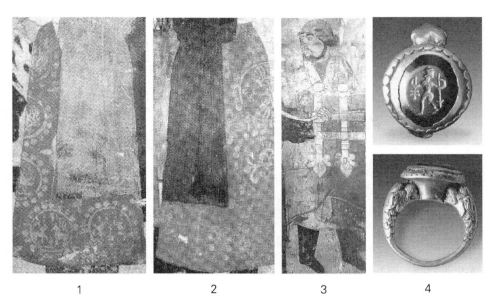

图 5-1-16　山西太原北齐徐显秀墓文物所见外来文化因素

1、2.侍女所穿联珠纹织物服饰　3.壁画中牵引牛车的胡人形象　4.装饰联珠纹镶宝石金戒指

以上列举的诸多古代文献和各地区出土的北齐文物，都能够充分反映出北齐时期中西贸易交流繁盛，胡商频繁往来于东西方，统治阶层胡风盛行，达到魏晋南北朝时期顶峰，其武士形象因此受西方影响颇大。

四、西魏、北周

西魏、北周也是中西文化交流较为频繁的朝代，文献中不乏相关记载，出土文物也有迹可循。武士形象上亦受西方影响较大，胡禄和弯韬都是在西亚、中亚盛行的武备，也首先出现于西魏。

《周书》卷五〇《突厥传》记：

其后日土门，部落稍盛，始至塞上市缯絮，愿通中国。大统十一年（545），太祖遣酒泉胡安诺槃陀使焉。其国皆相庆曰："今大国使至，我国将兴也。"[1]

西魏派出的第一位通使突厥的使臣，是出自酒泉的粟特胡人，说明粟特胡人由于语言的天分，常常充当不同民族间交往的使者，同时也说明酒泉粟特胡人在北朝颇具影响力。

对壁画及陶俑等文物进行分析，陕西西安西魏长孙俊夫妇墓[2]（图5-1-17，1）、陕西咸阳西魏侯义墓胡人俑[3]、甘肃敦煌莫高窟第290窟西魏胡人牵马图（或驯马图）[4]（图5-1-17，2），应是表现当时胡商形象。陕西靖边北魏晚期至西魏壁画墓出土的胡人像[5]（图5-1-17，3），短发戴虚帽，深目高鼻多髯，是典型的粟特人形象。北魏实行过僧团制度，此戴虚帽胡人形象，很有可能是

1   2   3

图5-1-17 西魏胡人形象

1. 陕西西安西魏长孙俊夫妇墓胡人俑 2. 甘肃敦煌莫高窟第290窟西魏胡人牵马图 3. 陕西靖边北魏晚期至西魏壁画墓胡人像

1. 《周书》卷五〇《突厥传》，中华书局，1971年。
2. 国家文物局主编：《2011中国重要考古发现》，文物出版社，2012年，第121页。
3. 咸阳市文管会、咸阳博物馆：《咸阳市胡家沟西魏侯义墓清理简报》，《文物》，1987年第12期。
4. 段文杰、樊锦诗主编：《中国敦煌壁画全集·西魏》，天津人民美术出版社，2006年，图一一九。
5. 陕西省考古研究院等：《陕西靖边县统万城周边北朝仿木结构壁画墓发掘简报》，《考古与文物》2013年第3期。

北魏末西魏初管理宗教教团的萨保[1]。

入华粟特人安伽墓（图 5-1-18；图 5-1-19，1）、史君墓（图 5-1-19，2）皆出土图像丰富的石葬具[2]，其埋葬的北周大象年间，正是胡人在长安较为活跃的时期。《周书》卷七《宣帝本纪》记：大象元年（579）十二月甲子，宣帝"还宫，御正武殿。集百官及宫人内外命妇，大列伎乐，又纵胡人乞寒，用水浇沃为戏乐"[3]。又《通典》卷一四六《乐六·龟兹乐》云：

> 周武帝聘突厥女为后，西域诸国来媵，于是有龟兹、疏勒、安国、康国之乐。帝大聚长安胡儿，羯人白智通教习，颇杂以新声。[4]

图 5-1-18 陕西西安北周入华粟特人安伽墓出土石榻

---

1. 李永平：《家园情怀和信仰表达：陕西靖边县统万城 M1 北朝仿木结构壁画试解读》，载荣新江、罗丰主编：《粟特人在中国：考古发现与出土文献的新印证》，科学出版社，2016 年。
2. 关于北周入华中亚人石葬具的相关研究可参见贺西林：《胡风与汉尚：北周入华中亚人画像石葬具的视觉传统与文化记忆》，《美术大观》2020 年第 11 期。亦载贺西林：《读图观史：考古发现与汉唐视觉文化研究》，北京大学出版社，2022 年。
3. 《周书》卷七《宣帝本纪》，中华书局，1971 年。
4. 《通典》卷一四六《乐六·龟兹乐》，王文锦等标点本，中华书局，1988 年，第 3726 页。

图 5-1-19 北周入华粟特人墓石葬具图像

1.陕西西安安伽墓夫妇宴饮图 2.陕西西安史君墓商队出行图 3.陕西西安康业墓宴饮图

可知当时北周的宫廷当中，和北齐宫廷一样也弥漫着胡音、胡乐以及胡人之戏[1]。陕西兴平北周宋和石造像座雕舞乐图案，左边为短发胡人表演胡腾舞，右边为中土女子表演源于粟特的胡旋舞[2]（图 5-1-20），应是当时西域乐舞盛行的实物例证。

在陕西西安还发掘了北周时期粟特康国后裔康业墓[3]（图 5-1-19，3）、

1. 有关北周长安的胡人的研究，参看毕波：《北周的胡人与胡化》，《文史》2005 年第 4 期；毕波：《中古中国的粟特胡人：以长安为中心》，中国人民大学出版社，2011 年。

2. 有关胡腾舞及胡旋舞的研究，参见张庆捷：《民族汇聚与文明互动：北朝社会的考古学观察》，商务印书馆，2010 年，第 413 页。

3. 西安市文物保护考古研究所：《西安北周康业墓发掘简报》，《文物》2008 年第 6 期。

罽宾国婆罗门后裔李诞墓[1]。在墓葬中亦是出土有胡商组合俑，如西安北周宇文俭墓出土陶骆驼[2]，陕西咸阳和西安发掘的 14 座北周墓葬，其中几座墓有胡俑与载货驼马的组合[3]。宁夏固原北周李贤墓出土鎏金银胡瓶[4]（图 5-1-21，1、2）、凸钉装饰琉璃碗[5]（图 5-1-21，3）、镶蓝宝石金戒指、由中亚传入的双附耳佩法长刀等，都是西方珍物[6]。

以上所述古籍文献、石窟寺壁画、墓葬出土文物，都反映出西魏、北周时期与西方贸易交流颇为繁荣，胡人聚居各地，且社会亦崇尚胡风，武士形象也因此受到西方的影响。

图 5-1-20 陕西兴平北周宋和石造像座雕刻舞乐图案

---

1. 程林泉、张小丽等：《陕西西安发现北周婆罗门后裔墓葬》，《中国文物报》2005 年 10 月 21 日第 1 版；程林泉、张翔宇、张小丽：《西安北周李诞墓初探》，载李清泉主编：《艺术史研究》第 7 辑，中山大学出版社，2005 年；《西安北郊北周李诞墓》，载国家文物局主编：《2005 中国重要考古发现》，文物出版社，2006 年；王维坤：《论西安北周粟特人墓和罽宾人墓的葬制和葬俗》，《考古》2008 年第 10 期。罽宾国，古西域国名，都城在南北朝时称善见城，位于今克什米尔斯利那加附近。
2. 陕西省考古研究所：《北周宇文俭墓清理发掘简报》，《考古与文物》2001 年第 3 期。
3. 负安志：《中国北周珍贵文物》，陕西人民美术出版社，1993 年，第 44、65 页。
4. 银胡瓶可能为嚈哒制作。5 世纪以后，大夏故地为嚈哒所据，所以嚈哒银器也具有与大夏制品近似的风格，参见上引孙机：《建国以来西方古器物在我国的发现与研究》。
5. 考古发现的西方玻璃器研究可参见齐东方、李雨生：《中国古代物质文化史·玻璃器》，开明出版社，2018 年。
6. 宁夏回族自治区博物馆等：《宁夏固原北周李贤夫妇墓发掘简报》，《文物》1985 年第 11 期；宁夏回族自治区固原博物馆、中日原州联合考古队：《原州古墓集成》，文物出版社，1999 年。

图 5-1-21 宁夏固原北周李贤墓出土西方珍物

1、2. 中亚鎏金银胡瓶及局部　3. 萨珊波斯凸钉装饰琉璃碗

五、南朝

　　南朝武士形象受西方影响较小，与北朝胡风盛行形成对比，主要是因为西北陆路丝绸之路为北朝控制。尚刚先生指出，在中国远洋事业崛起之前，凡西北丝路畅通之时，工艺美术即受西方影响较大，如汉、隋、唐前期、元时期；凡隔阻之时，即影响较小，如唐后期、五代、宋时期；若以同一历史时期做比较，最好的例证是北朝和南朝[1]。

　　汉晋文化自然演化之迹独存于江南。晋末中原衣冠礼乐南渡，刘宋革命，所求者唯跻身士大夫行列，所以继续重清谈、讲义理，所谓大抵南朝皆依旧，瓷器不加装饰、墓志中列叙姻亲、以竹林七贤壁画[2]（图5-1-22）装饰墓室等等，从东晋至南朝相承不替[3]。

1. 尚刚：《隋唐五代工艺美术史》，人民美术出版社，2005年，第6页。
2. 南京市博物院等：《南京西善桥南朝墓及其砖刻壁画》，《文物》1960年第8、9期合刊。
3. 韦正：《魏晋南北朝考古》，北京大学出版社，2013年，第11页；韦正：《将毋同：魏晋南北朝图像与历史》，上海古籍出版社，2019年，第50—89页。

图 5-1-22 江苏南京西善桥墓"竹林七贤和荣启期"拼镶砖画

此为六朝历史背景，表现在武士形象上，整体仍为汉式，汉晋形制自然演化，受西方文明冲击较少。南朝陶俑丰富多彩，服饰发生显著变化，东晋时期窄紧的上衣下裳或上衣下裤普遍变为褒衣博带，其中袖子的宽窄变化最引人注意[1]。

南朝与西方的贸易、交流，文献及文物也都有所例证（图 5-1-23）。《梁书》卷一八《康绚传》记：

康绚字长明，华山蓝田人也。其先出自康居。初，汉置都护，尽臣西域，康居亦遣侍子，待诏于河西，因留为黔首，其后即以康为姓。晋时陇右乱，康氏迁于蓝田。绚曾祖因为苻坚太子詹事，生穆。穆为姚苌河南尹。宋永初

1. 韦正：《魏晋南北朝考古》，北京大学出版社，2013 年，第 262 页。

魏晋南北朝隋唐武士形象西方文化因素研究

中，穆举乡族三千余家入襄阳之岘南，宋为置华山郡蓝田县。[1]

文中记载了粟特人举族迁至襄阳[2]。姜伯勤先生根据广东遂溪发现的南朝时期（420—589）金银器和萨珊波斯银币窖藏[3]，论证了粟特人在南海丝绸之路上的活动[4]。《南史·武陵王萧纪传》记载梁武陵王：

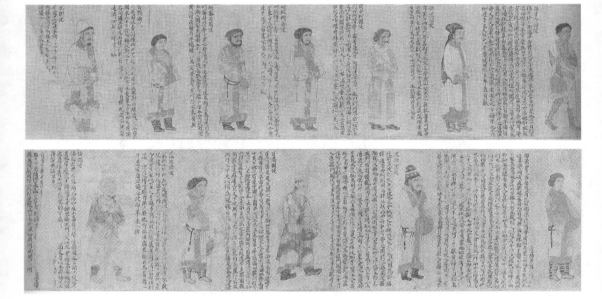

图 5-1-23 南朝梁萧绎绘《职供图》

1.《梁书》卷一八《康绚传》，中华书局，1973 年。

2. 康穆举乡族迁居襄阳，虽属南朝宋，然亦南朝与北朝交界地带，由此对南朝所带来影响是否显著尚不知。

3. 遂溪县博物馆：《广东遂溪县发现南朝窖藏金银器》，《考古》1986 年第 3 期；贺西林：《读图观史：考古发现与汉唐视觉文化研究》，北京大学出版社，2022 年，第 245 页。

4. 姜伯勤：《广州与海上丝绸之路上的伊兰人：论遂溪的考古新发现》，载广州社会科学院主编：《广州与海上丝绸之路》，广州社会科学院，1991 年。

在蜀十七年，南开宁州、越嶲，西通资陵、吐谷浑。内修耕桑盐铁之功，外通商贾远方之利，故能殖其财用，器甲殷积。[1]

梁武陵王萧纪（508—553）是梁武帝第八子。林梅村先生指出，资陵，《新唐书·波斯传》作"疾陵城"，法国汉学家沙畹 (Edouard Chavannes) 谓此城为伊朗东部锡斯坦首府 Zereng[2]。6 世纪初波斯至四川之间的丝绸之路全线贯通[3]，南北朝时，四川地区较为特殊，其处于丝绸之路河南道枢纽，同时作为丝绸主要产地，较早已有粟特人聚居[4]。

南朝虽与西方亦存在贸易与交流，然范围、规模可能都较北朝小。另外晋末中原衣冠礼乐南渡所带来的社会风尚，与北朝鲜卑等游牧民族服饰习俗及胡风盛行对比鲜明，这也是南朝武士形象受西方影响不及北朝的原因。

六、隋代

隋统一后，加强了与中亚、西亚各国的联系与交往。

据《隋书》卷四《炀帝纪》及卷八三《西域传》载，隋炀帝接连派遣李昱、韦节、杜行满等出使西域各国。《隋书》卷二四《食货》亦载：

又以西域多诸宝物，令裴矩往张掖，监诸商胡互市。啖之以利，劝令入朝，自是西域诸蕃，往来相继。[5]

1.《南史》卷五三《梁武陵王纪传》，中华书局，1975 年。
2. 冯承钧编，陆峻岭等增订：《西域地名》，中华书局，1980 年，第 107—108 页。
3. 林梅村：《何稠家族与粟特工艺的东传》，载荣新江、罗丰主编：《粟特人在中国：考古发现与出土文献的新印证》，科学出版社，2016 年。亦载林梅村：《西域考古与艺术》，北京大学出版社，2017 年。
4. 霍巍：《粟特人与青海道》，《四川大学学报（哲学社会科学版）》2005 年第 2 期；霍巍、赵德云：《战国秦汉时期中国西南的对外文化交流》，巴蜀书社，2007 年；荣新江：《魏晋南北朝隋唐时期流寓南方的粟特人》，载荣新江：《中古中国与粟特文明（修订版）》，生活·读书·新知三联书店，2014 年；姚崇新：《中古艺术宗教与西域历史论稿》，商务印书馆，2011 年；吕千云、赵其旺：《半臂与半袖源流研究》，《四川文物》录用待刊。
5.《隋书》卷二四《食货》，中华书局，1973 年。

隋炀帝经营西域的举措成果显著，引致贸易的国家达 27 国，中亚各国及波斯，也相继派遣使臣来中原。如《通典》卷一九三《边防九·康居》载：

> 至隋时，谓之康国。大业中，遣使朝贡。其王姓温，月氏人也，旧居祁连山北昭武城，自被匈奴所破，西逾葱岭，遂有此国。枝庶各分王，故康国左右诸国，米国、史国、曹国、何国、安国、小安国、那色波国、乌那曷国、穆国凡九国，皆其种类，并以昭武为姓，示不忘本也。[1]

从中可窥见隋炀帝时中亚与隋王朝交流的概况。

隋都城大兴城内生活有不少胡人，特别是来自中亚的粟特胡人[2]。隋代继承了北周的制度，有雍州（京师）萨保和诸州萨保，留下名字的有定州萨宝。隋代墓葬中，也出土不少胡商组合俑[3]（图 5-1-24），如河南安阳隋墓出土胡俑与陶骆驼各 9 件[4]（图 5-1-24，3），前文提及的山西太原隋代斛律徹墓出土的两件胡商骑驼俑[5]（图 1-3-11）。

甘肃敦煌莫高窟隋代壁画中，还出现了以联珠翼马纹为代表的各类联珠纹及其他具有浓郁中亚及波斯风格的图案[6]。山东嘉祥县隋代开皇四年（584）徐敏行墓夫妇宴饮图，绘有胡人表演中亚粟特地区盛行的胡腾舞[7]。陕西西安隋代李静训墓出土有高足金杯及玻璃瓶、金手镯、镶宝石金项链等西方珍物[8]。

---

1. 《通典》卷一九三《边防九·康居》，王文锦等标点，中华书局，1988 年，第 5255—5256 页。
2. 毕波：《隋代大兴城的西域胡人及其聚居区的形成》，《西域研究》2011 年第 2 期。
3. 关于隋代胡人俑的研究可参看杨瑾：《隋代墓葬出土胡人类型与文化渊源初探》，《考古与文物》2019 年第 6 期。
4. 中国社会科学院考古研究所安阳工作队：《安阳隋墓发掘报告》，《考古学报》1981 年第 3 期。
5. 山西省考古研究所编：《太原沙沟隋代斛律徹墓》，科学出版社，2017，第 27 页，图版九、十。
6. 关友惠：《莫高窟隋代图案初探》，《敦煌研究》1983 年第 1 期；沙武田：《莫高窟第 322 窟图像的胡风因素：兼谈洞窟功德主的粟特九姓胡人属性》，《故宫博物院院刊》2011 年第 3 期。
7. 山东省博物馆：《山东嘉祥英山一号墓隋墓清理简报：隋代墓室壁画的首次发现》，《文物》1981 年第 4 期。
8. 中国社会科学院考古研究所：《唐长安城郊隋唐墓》，文物出版社，1980 年；熊存瑞：《隋李静训墓出土金项链、金手镯的产地问题》，《文物》1987 年第 10 期；韩香：《隋唐长安与中亚文明》，中国社会科学出版社，2006 年，第 265—267 页。

图 5-1-24 隋代胡人俑

1. 河南安阳隋代张盛墓出土秃发胡人俑 2. 湖北武汉东湖岳家嘴隋墓出土秃发袒胸胡人俑
3. 河南安阳隋墓出土右袒胡俑 4. 加拿大皇家安大略博物馆藏胡商骑驼俑

陕西三原隋代李和墓（582）石棺上，线刻有多个联珠兽头纹样[1]，这种纹样流行于波斯及粟特地区。

宁夏固原还发掘有 6 座隋唐时期粟特人墓葬，为史射勿、史道洛、史索岩、史诃耽、史铁棒、史道德墓[2]。其中史诃耽墓出土蓝色宝石印章，其文字属于古波斯的帕勒维文[3]；史道德墓出土的金覆面、金下颌托、兽面金饰等为西方风格。西安隋代张绹夫妇墓[4]（图 5-1-25）、西安茅坡村隋墓出土的陶骆驼上（图 5-1-26）[5]，还出现希腊酒神图像[6]。前文已多次讨论的山西太原隋代入华粟特

1. 陕西省文管会：《陕西省三原县双盛村隋李和墓清理简报》，《文物》1966 年第 1 期。
2. 罗丰：《固原南郊隋唐墓地》，文物出版社，1996 年。
3. 郭物：《固原史诃耽夫妻合葬墓所出宝石印章图案考》，《考古与文物》2015 年第 5 期。
4. 西安市文物保护考古研究院：《西安长安隋张绹夫妇合葬墓发掘简报》，《文物》2018 年第 1 期。
5. 陕西省考古研究院：《陕西西安市长安区茅坡村 M21 发掘简报》，《考古与文物》2018 年第 3 期。
6. 葛承雍：《"醉拂菻"：希腊酒神在中国》，《文物》2018 年第 1 期，亦载葛承雍：《拂菻花乱彩：胡汉中国与外来文明·艺术卷》，生活·读书·新知三联书店，2020 年；李雨生、田有前：《西安茅坡村隋墓骆驼俑驮囊模印图像初论》，《考古与文物》2018 年第 3 期。

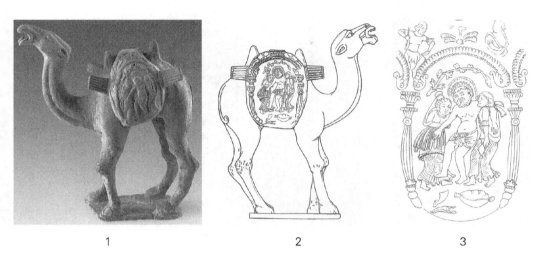

1   2   3

图 5-1-25 陕西西安隋代张綝夫妇墓出土陶骆驼及局部希腊酒神图像

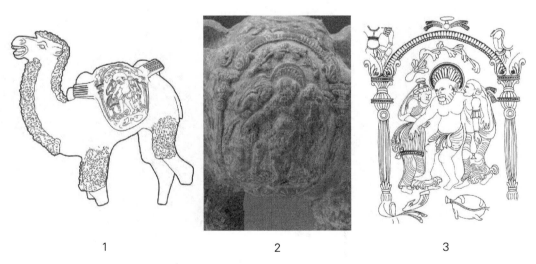

1   2   3

图 5-1-26 陕西西安茅坡村隋墓出土陶骆驼及局部希腊酒神图像

图 5-1-27 山西太原隋代入华粟特人虞弘墓出土石椁

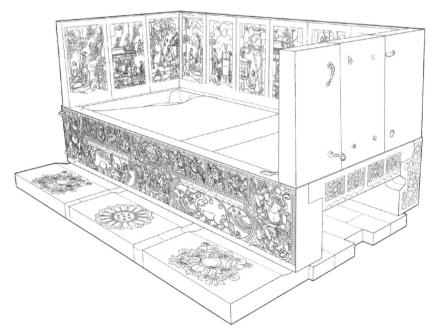

图 5-1-28 河南安阳隋代麹庆夫妇墓出土石棺床

人虞弘墓出土的具有重要研究价值的石椁[1]（图5-1-27），其西方文化因素也很丰富。近年发掘的河南安阳隋代麴庆夫妇墓[2]（图5-1-28），也出土了含有丰富西方文化因素的石棺床。隋代中西交流之盛可见一斑，这时期武士形象也出现了较多西方文化因素。

由上述文献及出土材料可知，隋代统一后中西交流得到发展，上层社会对胡人习俗及西方珍物较为推崇，乐舞、器用、装饰纹样、服饰也都呈现出浓厚的西方因素。此前南朝武士形象受西方影响远不及北朝，而隋代统一南北后，中西交流全面发展，南方武士形象也多呈现与北方相近的胡风。

七、唐代

唐代继承且发展诸前朝的开放精神，励精图治，政局稳定，国力昌盛，成为当时欧亚大陆文化、商贸中心。各国商人由陆路、水路往来贸易，足迹遍布大江南北，并且大量留居中国，构成唐朝社会不可或缺的组成部分（图5-1-29）。唐代武士形象受西方影响的广度与深度，也都达到顶峰。

唐代长安和洛阳成为国际性都会，文献记载有各种不同身份的西域人来华，被中原人称为胡商、贾胡、胡奴、胡姬、胡儿、胡雏、蕃客、昆仑奴等[3]。唐代文物所见胡人形象也呈现出身份多样性，如陕西礼泉县唐代韦贵妃墓胡人备马图（或献马图）[4]（图5-1-30，1）、陕西西安南郊唐墓胡人武官俑（图5-1-30，2）、甘肃山丹县博物馆藏胡人术士铜像[5]（图5-1-30，3）、陕西蒲城县惠陵李宪墓壁画胡人乐舞图[6]（图5-1-30，4）、陕西富平县李邕墓壁画胡人打马

1. 山西省考古研究所等编：《太原隋虞弘墓》，文物出版社，2005年，第17页。
2. 安阳市文物考古研究所等：《河南安阳隋代麴庆夫妻合葬墓的发掘》，《考古学报》2023年第3期。
3. 刘伯骥：《中西文化交通小史》，正中书局，1963，第63—71页。
4. 徐光翼主编：《中国出土壁画全集·陕西（上）（第6卷）》，科学出版社，2012年，第200页。
5. 葛承雍：《甘肃山丹收藏的"胡腾舞俑"辨析》，《文物》2021年第6期。
6. 陕西省考古研究所编：《唐李宪墓发掘报告》，科学出版社，2005年。

图 5-1-29 唐墓壁画、陶俑、模印砖所见牵驼胡商形像

1、2.河南洛阳唐代安国相王孺人唐氏墓壁画　3.河南洛阳唐代安菩夫妇墓陶俑　4.甘肃敦煌佛爷庙湾唐墓模印砖　5.山西太原金胜村唐墓壁画　6.陕西富平县唐代李凤墓壁画

球图[1]（图 5-1-30，5）、陕西西安金乡县主墓出土胡姬形象[2]等，胡人形象身份甚为多样[3]。

据向达先生考证，当时流寓长安的西域人及其来源大体上有 4 种情况：一

---

1. 关于马球，向达先生在《唐代长安与西域文明》（重庆出版社 2009 年出版）一书中已有研究。马球在唐太宗时由波斯传入中国，在当时盛行。唐太宗、中宗、玄宗、宣宗、穆宗等都是马球爱好者，王公贵族如李邕、杨慎交、武崇训、武延秀等都是马球高手，马球在军队和文人中盛行，甚至后宫的嫔妃和宫娥也打马球。唐章怀太子墓、节愍太子墓、嗣虢王李邕墓壁画都有打马球图，西安韦洞墓也有打马球女俑。

2. 西安市文物保护考古所：《唐金乡县主墓》，文物出版社，2002 年；葛承雍：《唐宋时代的胡姬与吴姬》，载葛承雍：《胡马度阴山：胡汉中国与外来文明·民族卷》，生活·读书·新知三联书店，2020 年。

3. 关于下层胡人形象的研究可参见葛承雍：《新出中古墓葬壁画中的下层胡人艺术形象》，《故宫博物院院刊》2022 年第 8 期。

图 5-1-30 唐代各式胡人形象

1. 陕西礼泉县唐代韦贵妃墓胡人备马图　2. 陕西西安南郊唐墓胡人武官俑　3. 甘肃山丹县博物馆藏胡人
术士铜像　4. 陕西蒲城县惠陵李宪墓壁画胡人乐舞图局部　5. 陕西富平县李邕墓壁画胡人打马球图

是从北朝以来入华的胡人，汉化程度最深；二是逐利东来的西域胡商；三是来华传教的异教僧侣；四是当时西域各国遣送到长安为质的胡人，久居长安入籍为民。这些胡人民族成分复杂，既有来自葱岭以东于阗、龟兹、疏勒等国的胡人，如于阗尉迟氏、疏勒白氏等；也有来自西域昭武九姓的粟特人；还有波斯萨珊朝、吐火罗、勃律、大食、东罗马等国家或地区的胡人[1]。众多西域胡人留寓中原，使得唐代胡风大炽，在服饰、饮食、宫殿、乐舞、艺术等各个方面，都吸收了大量来自西域文明的因素[2]。

安史之乱后，逗留长安的胡人曾给唐朝政府增加了很大的经济负担。《资治通鉴》卷二三二德宗贞元三年（787）七月条记：

> 初，河、陇既没于吐蕃，自天宝以来，安西、北庭奏事及西域使人在长安者归路既绝，人马皆仰给于鸿胪，礼宾委府、县供之，于度支受直。度支不时付直，长安市肆不胜其弊。李泌知胡客留长安久者，或四十余年，皆有妻子，买田宅，举质取利，安居不欲归，命检括胡客有田宅者停其给。凡得四千人，将停其给。胡客皆诣政府诉之，泌曰："此皆从来宰相之过，岂有外国朝贡使者留京数十年不听归乎！今当假道回纥，或自海道各遣归国。有不愿归，当于鸿胪自陈，授以职位，给俸禄为唐臣。"于是胡客无一人愿归者，泌皆分隶神策两军，王子、使者为散兵马或押牙，余皆为卒，禁旅益壮。鸿胪所给胡客才十余人，岁省度支钱五十万缗，市人皆喜。[3]

由此可知当时长安聚集胡人数量之众，有不少胡人已留居多年，"皆有妻子，买田宅"，"胡客无一人愿归者"，他们在华安居乐业不愿归去[4]。陕西

1. 向达：《唐代长安与西域文明》，重庆出版社，2009年，第3—30页。
2. 霍巍：《唐代的胡人俑与唐代的中外文化交流》，载霍巍：《西南考古与中华文明》，巴蜀书社，2011年。
3. 《资治通鉴》卷二三二，中华书局，1956年。
4. 通过近年考古发现与出土文物管窥唐代长安的生活，可参见吴中博物馆（吴文化博物馆）编：《长安：考古所见唐代生活与艺术》，上海古籍出版社，2022年。

乾县唐代章怀太子墓出土壁画客使图 [1]（图 5-1-31）、唐代帝陵石刻蕃酋像 [2]，即反映了各国使节聚集长安的史实。

唐代蕃将中有来自安息、突厥、昭武九姓、龟兹、薛延陀、波斯、吐蕃、吐火罗、苏毗、于阗、天竺、回鹘、吐谷浑、沙陀等各族的胡人 [3]。史载唐玄宗逝世时，"群臣发哀于太极殿，蕃官婺面割耳者四百余人" [4]。这种婺面割耳习俗，本为粟特、突厥、吐蕃等族所有，可见唐玄宗时蕃官人数众多 [5]。陪葬唐太宗昭陵者，即有突厥武将阿史那忠 [6]。前述陕西西安南郊唐墓出土了戴雀鸟冠胡人武官形象的三彩俑 [7]（图 5-1-30，2），山西太原焦化厂唐墓壁画绘有戴幞头、持笏板、配长刀的胡人武士形象 [8]。唐代墓葬石刻墓门以及佛教寺院地宫石门上，也常出现胡人武士形象 [9]，皆可为唐代军队中拥有诸多蕃将蕃兵的例证 [10]。诚如孙机先生所指出的，应当特别注意粟特勇士，即《西域记》所称"其性勇烈，视死如归，战无前敌"的柘羯的动向，他们多半选择在唐朝当雇佣兵。府兵衰落后唐廷起用蕃将，九姓胡是其中的主力。安史之乱的祸根乱源，正是循丝绸之路源源入唐的粟特柘羯 [11]。唐代武士形象受西方影响较大，前述之胡禄、弯韬在唐代武士形象上普遍出现，锁子甲也较南北朝时多见，与此时蕃将蕃兵众多的史实应是息息相关。

---

1. 王维坤：《唐章怀太子墓壁画"客使图"辨析》，《考古》1996 年第 1 期；刘江英：《〈客使图〉大食使者质疑：兼论唐与粟特之关系》，《文博》2011 年第 3 期；杨瑾：《唐章怀太子李贤墓〈客使图〉戴鸟羽冠使者之渊源》，《中国国家博物馆馆刊》2018 年第 7 期；赵超：《唐章怀太子墓壁画〈客使图〉补考》，《考古》2020 年第 6 期。

2. 张建林、张博：《唐代帝陵蕃酋像的发现与研究》，载罗丰主编：《丝绸之路考古（第 4 辑）》，科学出版社，2020 年。

3. 刘伯骥：《中西文化交通小史》，正中书局，1963，第 63—71 页。

4. 《资治通鉴》卷二二二《唐纪》三十八，"肃宗宝应元年"条，中华书局，1956 年，第 7123 页。

5. 霍巍：《唐代的胡人俑与唐代的中外文化交流》，载霍巍：《西南考古与中华文明》，巴蜀书社，2011 年。

6. 陕西省文物管理委员会等：《唐阿史那忠墓发掘简报》，《考古》1977 年第 2 期。

7. 西安市文物保护考古所：《西安南郊唐墓（M31）发掘简报》，《文物》2004 年第 1 期。

8. 山西省考古研究所：《太原市南郊唐代壁画墓清理简报》，《文物》1988 年第 12 期。

9. 葛承雍：《门扉上的胡人：中古墓葬石门上的别样艺术》，《美术研究》2021 年第 4 期。

10. 关于唐代蕃将的研究可参见马驰：《唐代蕃将》，三秦出版社，2011 年，第 91—159 页。

11. 孙机：《"丝绸之路展"感言》，载孙机：《仰观集——古文物的欣赏与鉴别（修订本）》，文物出版社，2015 年。

图 5-1-31 陕西乾县唐代章怀太子墓壁画客使图及其线图

唐墓出土骑载货驼俑形式多样，如山西长治县王惠墓[1]（图5-1-32，1）、山西长治县王深墓[2]（图5-1-32，2）、陕西西安鲜于庭诲墓[3]（图5-1-32，3）、陕西蒲城县李宪墓[4]（图5-1-32，4）、陕西西安南郊唐墓[5]（图5-1-32，5）、

图5-1-32 唐墓出土骑驼胡俑

1. 山西长治县王惠墓 2. 山西长治县王深墓 3. 陕西西安鲜于庭诲墓 4. 陕西蒲城县李宪墓 5. 陕西西安南郊唐墓 6. 辽宁朝阳市黄河路唐墓

1. 山西长治博物馆：《长治唐代王惠墓清理简报》，《文物》2003年第8期。
2. 国家文物局主编：《文物精华大辞典·陶瓷卷》，上海辞书出版社、商务印书馆，1998年，第154页。
3. 中国社会科学院考古研究所：《唐长安城郊隋唐墓》，文物出版社，1980年。
4. 陕西省考古研究所：《唐李宪墓发掘报告》，科学出版社，2005年，第54页。
5. 西安市文物保护考古所：《西安南郊唐墓（M31）发掘简报》，《文物》2004年第1期。

辽宁朝阳市黄河路唐墓[1]（图5-1-32，6）、河南洛阳关林59号唐墓[2]、山西长治县北石槽唐墓[3]、山西长治县王休泰墓[4]、陕西西安东郊红旗电机厂唐墓[5]皆有出土。唐墓壁画、陶俑、模印砖中也常出现牵驼胡商形象，如河南洛阳唐代安国相王孺人唐氏墓壁画[6]（图5-1-29，1、2）、河南洛阳唐代安菩夫妇墓陶俑[7]（图5-1-29，3）、甘肃敦煌佛爷庙湾唐墓模印砖[8]（图5-1-29，4）、山西太原金胜村唐墓壁画[9]（图5-1-29，5）、陕西富平县唐代李凤墓壁画[10]（图5-1-29，6）等，林林总总，不胜枚举[11]。作为运载工具的动物中，以高大的骆驼最富于异域色彩，胡人牵驼陶俑为北朝到隋唐时期人们喜好的题材，在墓葬中被大量发现[12]。甘肃敦煌莫高窟第45窟还绘有盛唐时期形象生动的"商人遇盗图"[13]（图5-1-33）。

1. 辽宁省文物考古研究所、朝阳市博物馆：《辽宁朝阳市黄河路唐墓的清理》，《考古》2001年第8期。
2. 洛阳博物馆：《洛阳关林59号唐墓》，《考古》1972年第3期。
3. 山西省文物管理委员会、山西省考古研究所：《山西长治北石槽唐墓》，《考古》1962年第2期；山西省文物管理委员会晋东南工作组：《山西长治北石槽唐墓》，《考古》1965年第9期。
4. 山西省文物管理委员会晋东南工作组：《山西长治唐王休泰墓》，《考古》1965年第8期。
5. 西安市文物园林管理局：《西安东郊红旗电机厂唐墓》，《文物》1992年第9期。
6. 洛阳市第二文物工作队：《唐安国相王孺人唐氏、崔氏墓发掘简报》，《中原文物》2005年第6期。图采自徐光冀主编：《中国出土壁画全集·陕西（上）（第6卷）》，科学出版社，2012年，第112—113页。
7. 郑州市文物考古研究所：《河南唐三彩与唐青花》，科学出版社，2006年，第312页。
8. 甘肃省博物馆：《敦煌佛爷庙湾唐代模印砖墓》，《文物》2002年第1期。敦煌佛爷庙湾6座唐代模印砖墓群的甬道与墓室四壁镶嵌着212块模印砖，其中胡商骆驼图有16块。
9. 山西省考古所：《太原市南郊唐代壁画墓清理简报》，《文物》1988年第12期。
10. 富平县文化馆等：《唐李凤墓发掘简报》，《考古》1977年第5期。图采自张鸿修：《中国唐墓壁画集》，岭南美术出版社，1995年，第70页。
11. 关于唐代胡人俑的研究可参见葛承雍：《绿眼紫髯胡：胡汉中国与外来文明·胡俑卷》，生活·读书·新知三联书店，2020年。
12. 张庆捷：《北朝隋唐的胡商俑、胡商图与胡商文书》，载张庆捷：《民族汇聚与文明互动：北朝社会的考古学观察》，商务印书馆，2010年；齐东方：《丝绸之路的象征符号：骆驼》，《故宫博物院院刊》2004年第6期；沙武田：《唐墓骆驼俑驮囊兽首形象属性考》，《文物》2021年第2期。
13. 段文杰、樊锦诗主编：《中国敦煌壁画全集·盛唐》，天津人民美术出版社，2006年，图六四。线图采自采自［美］芮乐伟·韩森：《丝绸之路新史》，张湛译，北京联合出版公司，2015年，第245页。关于商人遇盗图的研究可参见沙武田：《丝绸之路交通贸易图像：以敦煌画商人遇盗图为中心》，载陕西师范大学历史文化学院等编：《丝绸之路研究集刊（第一辑）》，商务印书馆，2017年。

图 5-1-33 甘肃敦煌莫高窟第 45 窟盛唐时期 "商人遇盗图" 及局部线图

　　唐代文物所见的以胡商身份为主、品类繁多的胡人形象，是当时中西贸易交流繁盛以及入华胡人众多的真实反映，唐代武士形象也因此胡风盛行。

武士形象与中西文化交流

第二节　粟特人所起作用

　　魏晋南北朝隋唐武士形象出现的诸多西方文化因素受粟特人直接影响。起源于波斯、罗马等地区的文化因素，也有不少是由于粟特人的中介作用才向东传播至中国。如起源于波斯的胡禄、锁子甲、束甲绦绳中心束甲法、缀摇叶服饰等，都经粟特人使用并东传至中国。

图 5-2-1 中亚片治肯特粟特壁画

魏晋南北朝隋唐武士形象西方文化因素研究

西方的文明大国萨珊波斯、大食、拜占庭，皆地饶物珍，俗尚工巧。居处中亚的粟特人以今乌兹别克斯坦撒马尔罕的康国为代表，他们生活在两大文明区之间，工艺制作繁盛发达，在当时的国际政治经济、文化艺术交流中[1]，扮演了极为重要的角色（图5-2-1）[2]。尚刚先生指出，中国的工艺美术，尤其如织锦和金银器，具有浓郁的西方色彩。中亚地区的影响不容忽视，因为那时最重要的交通通道是丝绸之路，倘若走此路线，则不论中国，抑或波斯、大食、

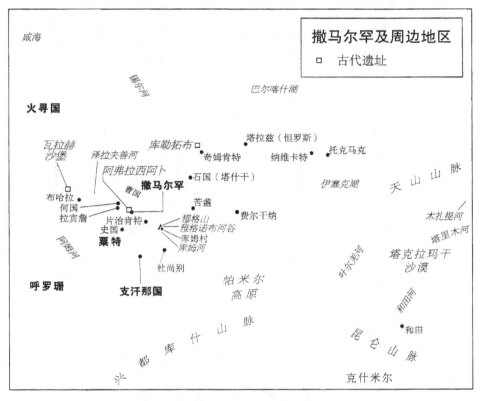

图 5-2-2　中亚撒马尔罕及周边地区示意图[3]

---

1. 粟特人在物种传播中也起到中介作用。参看王永平：《"波斯狗"东传：从伊朗到中国——兼论粟特人在丝绸之路物种传播中的贡献》，《唐史论丛》2016年第2期。
2. 粟特壁画采自［日］田边胜美、前田耕作编：《世界美术大全集・中亚卷（东洋编15）》，小学馆，1999年，第169页。
3. 参考［美］芮乐伟・韩森：《丝绸之路新史》，张湛译，北京联合出版公司，2015年，第147页。

拜占庭，同另一方的物质文化交流大都要由粟特人居间中介。粟特人的喜恶弃取对于中西交流的品种以至纹样、款式皆有影响，何况粟特人的织锦和金银器也行销四方。在隋唐工艺美术中，这两个门类胡风最盛[1]。魏唐时期武士形象出现诸多西方文化因素，粟特人也起到了重要传播作用。

粟特人在中国史籍中又被称为昭武九姓、九姓胡、杂种胡、粟特胡等[2]，他们是属于伊朗系统的中亚古族，语言为粟特语。粟特本土位于中亚阿姆河和锡尔河之间泽拉夫珊河流域，其主要范围在今乌兹别克斯坦，还有部分在塔吉克斯坦、吉尔吉斯斯坦。在粟特地区的绿洲上，分布着大小不同的城邦国家，其中以撒马尔罕为中心的康国最大，它常常是粟特各城邦国家的代表（图5-2-2）。以布哈拉为中心的安国也相对较大，还有东曹国、曹国、西曹国、米国、何国、史国、石国等。中国史籍称他们为昭武九姓，实则多于9个国家。

历史上的粟特人未形成统一的帝国，先后臣属于波斯阿契美尼德王朝[3]、希腊亚历山大帝国、塞琉古王朝、康居国、大月氏部、贵霜帝国、嚈哒国等。粟特人在各异族统治下，不仅保存独立的王统世系，而且成为中古时代控制陆上丝绸之路的独具特色的商业民族[4]。中亚撒马尔罕阿弗拉西阿卜古城发现粟特康国宫廷遗址，其中的1号建筑即著名的大使厅，保存有多重主题的华丽壁画[5]，从使臣图[6]（图5-2-3）以及大使出行图[7]（图5-2-4）中，可窥见粟特

1. 尚刚：《隋唐五代工艺美术史》，人民美术出版社，2005年，第3页。6—7世纪前后的粟特，其贵金属工艺实为西亚和东亚的中介。萨珊以及南俄等地之金银细工的若干设计意匠，多是先进入粟特，并在那里经过加工改造，才进一步东传至我国。参见孙机：《凸瓣纹银器与水波纹银器》，载孙机：《仰观集——古文物的欣赏与鉴别（修订本）》，文物出版社，2015年。
2. 关于文献所记中亚来华胡人的活动，可参见韩香：《两汉迄五代中亚胡人的来华及活动》，中国社会科学出版社，2016年，第176—254页。
3. 波斯势力范围图可参考［美］米夏埃尔·比尔冈：《古代波斯诸帝国》，李铁匠译，商务印书馆，2015年，第172页。
4. 荣新江：《从撒马尔干到长安：中古时期粟特人的迁徙与入居》，载荣新江：《中古中国与粟特文明（修订版）》，生活·读书·新知三联书店，2014年。
5. 可参见王静、沈睿文：《大使厅壁画研究》，文物出版社，2022年；［意］康马泰：《撒马尔罕的荣光：阿夫拉西阿早卜壁画解谜》，李思飞译，社会科学文献出版社，2023年。
6. ［俄］马尔夏克：《突厥人、粟特人与娜娜女神》，毛铭译，漓江出版社，2016年，第54页。
7. ［法］葛乐耐：《驶向撒马尔罕的金色旅程》，毛铭译，漓江出版社，2016年，书前彩页。

1

2

图 5-2-3 中亚撒马尔罕阿弗拉西阿卜遗址壁画及局部使臣图

人在丝路贸易中的活跃及其扮演的重要角色。

　　粟特商人在丝绸之路上便于贸易和居住的地点建立自己的聚居地——在中原农耕地区，被称为聚落；在草原游牧地区，则形成自己的部落。从十六国到北朝时期，这样的胡人聚落在塔里木盆地、河西走廊、中原北方、蒙古高原等

武士形象与中西文化交流

图 5-2-4 中亚撒马尔罕阿弗拉西阿卜遗址壁画大使出行图

地区都有存在。荣新江先生勾勒出一条粟特人东行所走的丝绸之路（图 5-2-5）。这些道路上的各个主要城镇，都留下了粟特人的足迹，有的甚至形成了聚落[1]。

《旧唐书》卷一九八《西戎传·康国》亦记载：

> 其王冠毡帽，饰以金宝。妇人盘髻，蒙以帛巾。人多嗜酒，好歌舞于道路。生子必以石蜜纳其口，明胶置掌内，欲其成长口常甘言，掌持钱如胶之粘物。俗习胡书。善商贾，争分铢之利，男子年二十，即远之旁国，来适中夏，利之所在，无所不到。[2]

粟特人的东迁，主要是商业上的原因，从三国西晋时，真正的粟特商团就见于史籍记载。此后粟特本土所在的中亚政治形势多变，粟特民族受到嚈哒、突厥、大食等势力的侵袭，甚至国家被占领，促使大批粟特人东来中国。他们有的进入漠北突厥汗国，有的入仕北魏、北齐、北周、隋唐各级军政机构，而以从军居多。但粟特人的商业本性使他们一直以商业民族的形象（图 5-2-6）[3] 活跃在中国中古社会中[4]。

---

1. 荣新江：《从聚落到乡里：敦煌等地胡人集团的社会变迁》，载荣新江：《中古中国与粟特文明（修订版）》，生活·读书·新知三联书店，2014 年。粟特移民迁徙路线图采自第 4 页。
2. 《旧唐书》卷一九八《西戎传·康国》，中华书局，1975 年，第 5310 页。
3. 关于楼兰粟特人墓的研究参见李文儒：《墓室空留七彩画》，《文物天地》2003 年第 4 期；祁小山、王博编：《丝绸之路·新疆古代文化》，新疆人民出版社，2008 年，第 32 页。
4. 荣新江：《北朝隋唐粟特人之迁徙及其聚落》，载荣新江：《中古中国与外来文明（修订版）》，生活·读书·新知三联书店，2014 年。

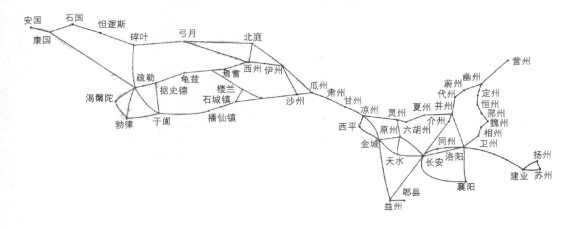

图 5-2-5　粟特移民迁徙路线示意图

　　目前所见最早的有关粟特商人在中国活动的记录，是斯坦因（M.A.Stein）在敦煌西北长城烽隧下面发现的粟特文古信札（图 5-2-7）[1]。这是一组住在武威、敦煌的粟特商人写给家乡撒马尔干或西域楼兰等地的粟特商人的信件。信件时代为 4 世纪初[2]，主要内容是报告粟特商人以凉州武威为大本营，派出商人前往洛阳、邺城、金城（兰州）、敦煌等地从事贸易，因晋末中原动乱，致使粟特商人也蒙受打击的情况。通过信札所述内容还可知他们行踪之远[3]。粟特人成群结队地往来粟特与中国、中国与印度、北方游牧汗国和中原王朝之间，几乎垄断了陆上丝绸之路的贸易，波斯商人也转移向海路发展[4]。经过前代延续的发展，粟特入华在唐代达到顶峰。

1. 采自 ［美］芮乐伟·韩森：《丝绸之路新史》，张湛译，北京联合出版公司，2015 年。
2. 关于古信札的年代，参见毕波：《粟特文古信札汉译与注释》，《文史》2004 年第 2 辑，第 73—97 页。
3. 荣新江：《从撒马尔干到长安：中古时期粟特人的迁徙与入居》，载荣新江：《中古中国与粟特文明（修订版）》，生活·读书·新知三联书店，2014 年。
4. 关于粟特商人垄断丝路贸易问题的研究，参见姜伯勤：《敦煌吐鲁番文书与丝绸之路》，文物出版社，1994 年，第 150—226 页；关于粟特与波斯对丝路的争夺问题的研究，参见荣新江：《波斯与中国：两种文化在唐朝的交融》，载荣新江：《丝绸之路与东西文化交流》，北京大学出版社，2015 年。

图 5-2-6 新疆楼兰 LE 古城粟特人壁画墓出土宴饮图

　　中亚粟特本土的特殊地理位置,使其服饰既有自身特点,又融合波斯、印度、罗马等地区风格。粟特人大量东来并聚居,其文化对中国影响最为直接、显著。魏晋南北朝隋唐时期武士形象出现西方文化因素,与粟特人关系甚为密切。

图 5-2-7 甘肃敦煌发现寄往撒马尔罕的粟特文古信札（4 世纪初）

武士形象与中西文化交流

第三节　佛教传入所起作用

魏晋南北朝隋唐武士形象中出现的一些西方文化因素，与佛教的传播关系密切。如唐代武士形象所见朱雀冠、饰展翼冠，形制都源于波斯，但直接受佛教毗沙门天王等造像冠式影响。希腊神话中头戴狮头盔的赫拉克利斯形象，伴随佛教向东传播（图5-3-1）[1]，唐代武士的兽头盔帽，吐蕃、南诏武士披大虫皮习俗都与此相关。由此可见，魏唐时期武士形象诸多因素，都因佛教的传入而出现变化。

西域文明从思想意识到日常生活，给中国社会带来的影响日益加深。魏晋南北朝时期，中西文化交流以更大规模展开，西域文化开始连续不断地输入中国。前期以佛教为主，输入的中介为大月氏。东汉中期贵霜帝国的分裂，迫使

图 5-3-1　巴基斯坦出土 1—2 世纪中期犍陀罗供奉佛陀石雕

---

1. 采自中华世纪坛世界艺术馆编：《伟大的世界文明·印度文明》，文物出版社，2006年，第20页。

包括僧人在内的大月氏人大量东来，引发东汉灵帝"好胡服、胡帐、胡床、胡坐、胡饭、胡箜篌、胡笛、胡舞，京都贵戚皆竞为之"[1]的奇异现象，佛教传播因此大得便利。汉末魏晋的大乱，十六国时期胡族的入主中原，为佛教传播提供更丰厚的土壤，在北魏统一黄河以北地区以后（图5-3-2、图5-3-3）[2]，佛教第一次获得国家宗教的地位，佛教遗存的性质变为一种统治工具[3]。

十六国时期，战乱频繁、社会动荡、民族矛盾激化、民众流离迁徙、经济

图 5-3-2 山西大同云冈石窟第 9 窟窟门所见武士形象（北魏）

1.《后汉书·五行志》，中华书局，1965 年，第 3272 页。

2. 采自云冈石窟研究院编：《云冈石窟》，文物出版社，2008 年，第 61 页；段文杰、樊锦诗主编：《中国敦煌壁画全集·敦煌北凉北魏》，天津人民美术出版社，2006 年，第 125 页。

3. 韦正：《魏晋南北朝考古》，北京大学出版社，2013 年，第 12 页。

武士形象与中西文化交流

图 5-3-3 甘肃敦煌莫高窟 254 窟北凉壁画所见武士形象

凋敝，人民企望平安幸福，为宗教的传播提供了土壤。汉民族统一天下的局面被打破，过去被视为戎狄的民族纷纷建立政权，传统的汉魏礼仪制度受到冲击，也使得域外传来的佛教摆脱中国传统礼俗的羁绊，佛陀不再像汉代时只被视为附庸于黄老神仙的胡神，从而为佛教的传播开辟了道路。特别是一些少数民族出身的帝王多虔信佛教，由此更促成佛教的空前兴盛[1]。

因此，前文所述伴随佛教传入的武士形象之相关外来文化因素，也更易为当时社会所接受。

---

1. 杨泓：《中国汉唐考古学九讲》，文物出版社，2015 年，第 134 页。

结论

———

魏晋南北朝隋唐时期，武士形象出现诸多西方文化因素。武士铠甲、武士武器、武士帽冠头饰、骑士翼马图像等都受到西方相关因素影响，出现新的形制。来自中亚、西亚、古希腊等地的文化因素，因各种传播途径、族群流动、交流动因进而影响中国武士形象。

各时期中西交流及贸易的繁盛，促使武士形象出现西方文化因素。魏晋时武士形象逐渐出现西方形制，到北魏则开始较多出现，北齐时已较为成熟，隋唐时达到顶峰，不同时代的发展皆有其特殊背景。来自中亚的粟特人之直接影响及中介传播、佛教传入与盛行，也是中国出现诸多西方文化因素的重要原因。

一、武士铠甲

中国早期铠甲一直沿袭以甲片编缀成甲的传统，明光甲的特征是在胸前左右各设大型金属圆护，与甲片编缀的甲胄属于不同铠甲制作系统。北朝晚期明光铠成为军中装备最多的铠甲，到隋唐时期一直是铠甲最主要的类型。明光甲胸前所设圆形金属护镜形制，源于古希腊、古罗马铠甲系统，其传播应与中亚地区的使用与东传关系密切。胸甲系统最初传至中国新疆地区然后再向东传播，在4世纪末5世纪初的克孜尔石窟壁画可见穿明光甲武士像。

中国古代在甲胄上束绑绦绳，以起到加固作用。这种束绑绦绳即《新唐书》中记载的"螣蛇"。早期螣蛇系结方式应为一字横缠法，与北朝后期及隋唐时常见的中心系结法不同。中心系结法，即在胸口打一结，将绦绳分成三股，一股向上、两股向后进行束绑，明光甲系束甲绦绳的武士形象在文物中常见。这种方式受萨珊波斯影响，波斯系结法较早传播至新疆地区，克孜尔石窟、库木吐喇石窟壁画都可见。在入华粟特人石葬具及墓室石门的武士形象上，可以看到中心系结式束绑，粟特人应是直接受波斯影响，并将其向东传播。

锁子甲是源于西亚波斯的铠甲类型，曹植表文是中国有关锁子甲的最早记载，由此可知汉末曹魏时期，锁子甲已传至中原，当时只作为宝物，尚未普及。在东晋十六国时期，新疆地区西域诸军即已装备锁子甲，而中原地区罕见。锁子甲在汉末曹魏时出现，与这时期中亚人中介传载的西方文化传入有关。西方文化的传播，到了东汉后期达到高潮，锁子甲及明光甲都在这时期出现于中土。文献记载唐开元时康国进贡锁子甲，中亚片治肯特古城粟特壁画也绘有穿锁子甲的武士及神像，可知中亚地区也生产及使用锁子甲。直至唐代，中亚仍将其作为宝物进贡，可见锁子甲在唐代仍比较珍贵，而且中亚质量可能较高且影响唐代形制。

骑马武士俑所见缀摇叶服饰形制特点为衣服上缝有可摇动的小叶。太原北齐娄睿墓、太原隋代斛律徹墓出土陶俑都出现穿缀摇叶服饰骑马武士形象。此服饰习俗起源于波斯，传至北齐太原，或以中亚为传播中介。受波斯影响，阿富汗西北法立亚布地区姑比洋洞窟壁、中亚粟特故地巴拉雷克壁画也可见穿缀摇叶服饰人物形象。

二、武士武器

北朝开始流行圆筒形箭箙，即胡禄，唐代已在军队中普及。其形制源于波斯，在波斯银盘、石刻上都可见，出现较早且延续时间长。胡禄应是以粟特人为中介向东传播。弯韬是唐代较多使用的装弓之囊，形如弯月，往往由虎、豹等野兽皮制成，与装箭的胡禄搭配使用。

弯韬的形制，中原地区在唐以前只在西安北周入华粟特人安伽墓石葬具图像中出现，而在中亚片治肯特粟特壁画中多次出现，穆格山城堡出土木盾上的

骑马粟特武士像中也清晰绘出所佩弯韬，故唐代弯韬形制应是由粟特人传入。胡禄起源于波斯，而与之搭配的弯韬也源于此地。

三、武士帽冠头饰

唐代武士形象所见武官鹖冠形制为冠前饰朱雀，可称为朱雀冠。受其影响，唐代女性也戴朱雀冠，朱雀装饰于冠前或直接饰于头顶。头戴鸟形冠的人物形象，最早见于安息王朝的文物，萨珊波斯霍尔密兹德二世（303—309 年在位）银币上，亦可见戴鸟形冠国王像。波斯流行的鸟形冠通过佛教传播，首先传至于阗等西域绿洲诸国。于阗戴鸟形冠毗沙门天王形象进一步影响石窟寺中天王、力士造型，唐代戴朱雀冠镇墓天王造型直接受佛教天王形象影响，又融入中原四神之一的朱雀改造而成。受波斯影响，太原隋代虞弘墓石葬具图像中也出现戴鸟形冠人物形象。源于波斯的鸟形冠很可能由粟特人将其融入佛教艺术中。唐代武官朱雀冠受佛教毗沙门天王为主的天王及力士造像冠上饰鸟传统影响。

唐代武士形象所见礼冠饰展翼的形制也源于波斯。展翼多装饰于武官朱雀冠两侧，亦有单独饰以展翼。《唐会要》所记唐太宗所戴翼善冠，应是饰有波斯式展翼。冠饰双翼源于波斯，从萨珊式翼冠到唐代鹖冠之间，传播过程中以佛教艺术为中介。毗沙门天王在西域各国特受尊崇，此种信仰亦流衍于中土，而毗沙门天王像上就戴着有翼的宝冠，唐式鹖冠上的翼取法于此。受波斯影响，入华粟特人石葬具图像、中亚片治肯特粟特壁画宴饮图亦可见戴饰展翼冠贵族形象。入华粟特人石葬具中所刻成对神祇也戴展翼冠。佛教天王戴饰展翼冠应是受粟特直接影响，进而影响唐代武官鹖冠。

南北朝时军队可能即有戴虎头帽勇士，见于《南齐书·魏虏传》记载。陕西唐墓出土戴虎形头盔甲骑具装俑，是唐代武士使用此装束的表现。唐代武士兽头盔帽源于希腊神话中头戴狮头盔的赫拉克利斯。随着亚历山大大帝东征和罗马帝国在地中海东部的扩张，赫拉克利斯形象传到中亚和中亚以东各地。犍陀罗艺术中赫拉克利斯变成了守护佛祖释迦牟尼的执金刚神，且东传至克孜尔

魏晋南北朝隋唐武士形象西方文化因素研究

石窟、森木赛姆石窟、天水麦积山石窟，并以天龙八部干闼婆之姿出现在盛唐石窟中。唐墓中出现戴狮、虎等兽头盔帽的武士形象，还应与粟特人的信仰、习俗有关。

唐代武士形象所见系于头上的红抹额，与女性束发带形制及系带方式皆不相同，束发带与唐代胡人俑头上所见者形制相同。唐代胡人俑多数是以当时的粟特人的形象来塑造，中亚阿弗拉西阿卜、片治肯特、卡拉伊卡菲尔尼干壁画中，也可以见到粟特人系束发带的习俗。

四、骑士翼马图像

唐代骑士翼马纹锦图像是波斯的典型纹样。骑士搂马纹最早见于帕提亚波斯时期的陶塑，于萨珊银盘上也多次出现，是起源于波斯的图案题材。在隋唐时期该图像已传播至中土作为联珠纹锦的纹样，在新疆焉耆地区也出土骑士搂马题材的陶塑。骑士搏斗纹锦图像也是起源于波斯，是萨珊波斯银盘频繁出现的主题。北朝隋代入华粟特人石葬具中多次出现波斯风格的骑士搏斗图，入华粟特人对波斯艺术题材的吸收与传播，是织物纹样出现此图像的重要原因。骑士翼马纹锦应是文献所记载的中亚粟特后裔何稠所仿制波斯锦的类型，是入华的中亚粟特人参与设计织造波斯锦的实物例证。萨珊波斯风格的翼马纹，也出现于中亚粟特壁画和入华粟特人墓石葬具中，粟特人是图像的传播中介，由其传入中国并融入到织物纹样之中。骑士搂马纹锦、骑士搏斗纹锦还有联珠翼马纹锦，共同出现的图像主题是翼马，在织锦图案设计中频繁出现翼马，与中国的天马升仙思想密切相关。

参考文献

CANKAOWENXIAN

古籍

[晋]陈寿撰，[宋]裴松之注：《三国志》，陈乃乾点校，中华书局，1959年。

[梁]慧皎撰，汤用彤校注：《高僧传》，中华书局，1992年。

[北齐]魏收：《魏书》，中华书局，1974年。

[唐]令狐德棻等：《周书》，中华书局，1971年。

[唐]李百药：《北齐书》，中华书局，1972年。

[唐]李延寿：《北史》，中华书局，1974年。

[唐]李延寿：《南史》，中华书局，1975年。

[唐]魏征等：《隋书》，中华书局，1973年。

[唐]李吉甫：《元和郡县图志》，贺次君点校，中华书局，1983年。

[唐]杜佑：《通典》，王文锦等点校，中华书局，1988年。

[唐]段成式：《酉阳杂俎》，中华书局，1981年。

[唐]李林甫等：《唐六典》，陈仲夫点校，中华书局，1992年。

[唐]姚汝能：《安禄山事迹》，曾贻芬点校，上海古籍出版社，1983年。

[唐]玄奘、辩机撰，季羡林等校注：《大唐西域记校注》，中华书局，1985年。

[后晋]刘昫：《旧唐书》，中华书局，1975年。

[宋]司马光：《资治通鉴》，中华书局，1956年。

[宋]欧阳修、宋祁：《新唐书》，中华书局，1975年。

[宋]王溥：《唐会要》，上海古籍出版社，2006年。

[清]董诰等编：《全唐诗》，中华书局，1960年。

考古报告

北京大学考古文博学院、青海省文物考古研究所:《都兰吐蕃墓》,科学出版社,2005年。

大同市考古研究所:《大同雁北师院北魏墓群》,文物出版社,2008年。

河南省文化局文物工作队:《邓县彩色画像砖墓》,文物出版社,1958年。

河南省文物局:《卫辉大司马墓地》,科学出版社,2015年。

河南省文物考古研究院编:《曹操高陵》,中国社会科学出版社,2019年。

河北省文物研究所、保定市文物管理处:《五代王处直墓》,文物出版社,1998年。

河北省文物研究所等编:《磁县湾张北朝壁画墓》,科学出版社,2003年。

湖南省文物考古研究所等编:《岳阳唐宋墓》,上海古籍出版社,2016年。

湖北省文物考古研究所等编:《武昌隋唐墓》,上海古籍出版社,2021年。

罗丰:《固原南郊隋唐墓地》,文物出版社,1996年。

临朐县博物馆:《北齐崔芬壁画墓》,文物出版社。2002年。

洛阳市文物考古研究院编:《洛阳龙门安菩夫妇墓》,科学出版社,2017年。

辽宁省文物考古研究所等:《朝阳隋唐墓葬发现与研究》,科学出版社,2012年。

辽宁省博物馆编:《北燕冯素弗墓》,文物出版社,2015年。

内蒙古自治区文物考古研究所等:《辽陈国公主墓》,文物出版社,1993年。

宁夏固原博物馆:《固原北魏墓漆棺画》,宁夏人民出版社,1988年。

宁夏回族自治区固原博物馆、中日原州联合考古队:《原州古墓集成》,文物出版社,1999年。

宁夏文物考古研究所等:《吴忠北郊北魏唐墓》,文物出版社,2009年。

宁夏文物考古研究所:《固原九龙山汉唐墓葬》,科学出版社,2012年。

青州市博物馆编:《山东青州傅家庄北齐线刻画像石》,齐鲁书社,2014年。

陕西省考古研究所:《唐惠昭太子陵发掘报告》,三秦出版社,1992年。

陕西省考古研究所:《西安北周安伽墓》,文物出版社,2003年。

陕西省考古研究所:《唐惠庄太子李㧑墓发掘报告》,科学出版社,2004年。

陕西省考古研究所等:《唐新城长公主墓发掘报告》,科学出版社,2004年。

陕西省考古研究所等:《唐节愍太子墓发掘报告》,科学出版社,2004年。

陕西省考古研究所:《唐李宪墓发掘报告》,科学出版社,2005年。

陕西省考古研究院等编:《法门寺考古发掘报馆》,文物出版社,2007年

陕西省考古研究院编：《唐长安醴泉坊三彩窑址》，文物出版社，2008 年。

陕西省考古研究院编：《潼关税村隋代壁画墓》，文物出版社，2013 年。

陕西省考古研究院等编：《唐顺陵》，文物出版社，2015 年。

陕西省考古研究院编：《唐懿德太子墓发掘报告》，科学出版社，2016 年。

陕西省考古研究院等编：《唐昭陵韦贵妃墓》，科学出版社，2017 年。

陕西省考古研究院等编：《唐李倕墓考古发掘、保护修复研究报告》，科学出版社，2018 年。

山西省考古研究所：《唐代薛儆墓发掘报告》，科学出版社，2000 年。

山西省考古研究所等编：《太原隋虞弘墓》，文物出版社，2005 年。

山西省考古研究所等：《北齐东安王娄睿墓》，文物出版社，2006 年。

山西大学历史文化学院、山西省考古研究所、大同市博物馆：《大同南郊北魏墓群》，科学出版社，2006 年。

山西省考古研究所编：《太原沙沟隋代斛律徹墓》，科学出版社，2017 年。

山西省考古研究所等编：《山西朔州水泉梁北齐壁画墓发掘报告》，科学出版社，2020 年。

西安市文物保护考古所：《唐金乡县主墓》，文物出版社，2002 年。

西安市文物保护考古研究院编：《北周史君墓》，文物出版社，2014 年。

咸阳市文物考古研究所：《五代冯晖墓》，重庆出版社，2001 年。

咸阳市文物考古研究所：《咸阳十六国墓》，文物出版社，2006 年。

吐鲁番博物馆等编：《吐鲁番晋唐墓地：交河沟西、木纳尔、巴达木发掘报告》，文物出版社，2019 年。

太原市文物考古研究所编：《太原北齐韩祖念墓》，科学出版社，2020 年。

新疆社会科学院考古研究所编：《新疆考古三十年》，新疆人民出版社，1983 年。

新疆文物考古研究所编：《吐鲁番阿斯塔那—哈拉和卓墓地·哈拉和卓卷》，文物出版社，2018 年。

原州联合考古队：《北周田弘墓》，文物出版社，2009 年。

郑州市文物考古研究所编：《巩义芝田晋唐墓》，科学出版社，2003 年。

浙江省文物考古研究所等：《晚唐钱宽夫妇墓》，文物出版社，2012 年。

中国社会科学院考古研究所：《西安郊区隋唐墓》，科学出版社，1966 年。

中国社会科学院考古研究所：《唐长安城郊隋唐墓》，文物出版社，1980年。

中国社会科学院考古研究所：《北魏洛阳永宁寺：1979—1994年考古发掘报告》，中国大百科全书出版社，1996年。

中国社会科学院考古研究所编：《偃师杏园唐墓》科学出版社，2001年。

中国社会科学院考古研究所、河北省文物研究所：《磁县湾漳北朝壁画墓》，科学出版社，2003年。

发掘简报

敖汉旗文化馆：《敖汉旗李家营子出土金银器》，《考古》1978 年第 2 期。

安阳市博物馆：《唐杨偘墓清理简报》，《文物资料丛刊》1982 年第 6 期。

安阳市文物考古研究所：《河南安阳市北关唐代壁画墓发掘简报》，《考古》2013 年第 1 期。

安阳市文物考古研究所等：《河南安阳隋代麹庆夫妻合葬墓的发掘》，《考古学报》2023 年第 3 期。

安峥地：《房陵大长公主墓发掘简报》，《文博》1990 年第 1 期。

北京市文物研究所：《北京丰台史思明墓》，《文物》1991 年第 9 期。

程旭、师小群：《唐贞顺皇后敬陵石椁》，《文物》2012 年第 5 期。

长武县博物馆：《陕西长武郭村唐墓》，《文物》2004 年第 2 期。

磁县文化馆：《河北磁县北齐高润墓》，《考古》1979 年第 3 期。

磁县博物馆：《河北磁县东魏茹茹公主墓发掘简报》，《文物》1984 年第 4 期。

磁县博物馆：《河北磁县东陈村北齐尧峻墓》，《文物》1984 年第 4 期。

磁县文物管理所：《河北磁县北齐元良墓》，《考古》1997 年第 3 期。

大同市博物馆、山西省文物管理委员会：《山西大同石家寨北魏司马金龙墓》，《文物》1972 年第 3 期。

大同市博物馆等：《大同方山北魏永固陵》，《文物》1978 年第 7 期。

大同市考古研究所：《山西大同沙岭北魏壁画墓》，《文物》2006 年第 10 期。

大同市考古研究所：《山西大同文瀛路北魏壁画墓发掘简报》，《文物》2011 年第 12 期。

大同市考古研究所：《山西大同御东新区御昌佳园北魏墓 M113 发掘简报》，《考古与文物》2021 年第 4 期。

富平县文化馆等：《唐李凤墓发掘简报》，《考古》，1977 年第 5 期。

广西梧州市博物馆：《广西苍梧倒水南朝墓》，《文物》1981 年第 12 期。

固原县文物工作站：《宁夏固原北魏墓清理简报》，《文物》1984 年第 6 期。

甘肃省博物馆文物队：《甘肃秦安县唐墓清理简报》，《文物》1975 年第 4 期。

甘肃省文物考古研究所、高台县博物馆：《甘肃高台地埂坡晋墓发掘简报》，《文物》2008 年第 9 期。

甘肃省文物考古研究所等：《甘肃武周时期吐谷浑喜王慕容智墓发掘简报》，《考古与文物》2021 年第 2 期。

河北省文物工作队：《河北定县出土北魏石函》，《考古》1966 年第 5 期。

河北省博物馆、文物管理处：《河北曲阳发现北魏墓》，《考古》1972 年第 5 期。

河北省文物管理处：《河北景县高氏墓地发掘简报》，《文物》1979 年第 3 期。

济南市考古研究所：《济南隋代吕道贵兄弟墓》，《文物》2005 年第 1 期。

考古研究所安阳发掘队：《安阳隋张盛墓发掘记》，《考古》1959 年第 10 期。

河南省博物馆：《河南安阳北齐范粹墓发掘简报》，《文物》1972 年第 1 期。

南京博物院、南京市文物保管委员会：《南京西善桥南朝墓及其砖刻壁画》，《文物》1960 年 8、9 期合刊。

洛阳博物馆：《洛阳北魏元邵墓》，《考古》1973 年第 4 期。

洛阳博物馆：《河南洛阳北魏元义墓调查》，《文物》1974 年第 12 期。

洛阳市第二文物工作队：《唐安国相王孺人唐氏、崔氏墓发掘简报》，《中原文物》2005 年第 6 期。

洛阳市第二文物工作队：《洛阳衡山路北魏墓发掘简报》，《文物》2009 年第 3 期。

洛阳博物馆：《洛阳北魏杨机墓出土文物》，《文物》2007 年第 11 期。

洛阳市文物考古研究院：《唐代洛州刺史贾敦颐墓的发掘》，《中国国家博物馆馆刊》，2013 年第 8 期。

刘俊喜、高峰：《大同智家堡北魏墓棺板画》，《文物》2004 年第 12 期。

庆阳市博物馆、庆城县博物馆：《甘肃庆城唐代游击将军穆泰墓》，《文物》2008 年第 3 期。

辽宁省文物考古研究所、朝阳市博物馆：《辽宁朝阳市黄河路唐墓的清理》，《考古》2001 年第 8 期。

南京市博物院等：《南京西善桥南朝墓及其砖刻壁画》，《文物》1960 年第 8、9 期合刊。

宁夏回族自治区博物馆、宁夏固原博物馆：《宁夏固原北周李贤夫妇墓发掘简报》，《文物》1985 年第 11 期。

宁夏固原博物馆：《宁夏固原唐史道德墓清理简报》，《文物》1985 年第 11 期。

宁夏回族自治区博物馆：《宁夏盐池唐墓发掘简报》，《文物》1988 年第 9 期。

遂溪县博物馆《广东遂溪县发现南朝窖藏金银器》，《考古》1986 年第 3 期。

山东省文物考古研究所、临朐县博物馆：《山东临朐北齐崔芬墓壁画》，《文物》

2002 年第 4 期。

山东省文物考古研究所：《临淄北朝崔氏墓》，《考古学报》1984 年第 2 期。

西大学文博学院等：《山西襄垣唐代浩氏家族墓》，《文物》2004 年第 10 期。

山西省考古研究所：《太原市南郊唐代壁画墓清理简报》，《文物》1988 年第 12 期。

山西考古研究所等：《大同市郊北魏墓群发掘简报》，《文物》1992 年第 8 期。

山西省考古研究所等：《太原北齐徐显秀墓发掘简报》，《文物》2003 年第 10 期。

山西省考古研究所等：《山西朔州水泉梁北齐壁画墓发掘简报》，《文物》2010 年第 12 期。

山西省考古研究所等：《山西忻州市九原岗北朝壁画墓》，《考古》2015 年第 7 期。

山西省考古研究院等：《山西万荣西思雅北魏薛怀吉墓发掘简报》，《文物》2023 年第 1 期。

陕西省文物管理委员会：《长安县南里王村韦泂墓发掘记》，《文物》1959 年第 8 期。

陕西省文物管理委员会：《西安羊头镇唐李爽墓的发掘》，《文物》1959 年第 3 期。

陕西省考古所唐墓工作组：《西安东郊唐苏思勖清理简报》，《考古》1960 年第 1 期。

陕西省社会科学院考古研究所：《陕西咸阳唐苏君墓发掘》，《考古》1963 年第 9 期。

陕西省文物管理委员会：《唐永泰公主墓发掘简报》，《文物》1964 年第 1 期。

陕西省博物馆、乾县文教局唐墓发掘组：《唐章怀太子墓发掘简报》，《文物》1972 年第 7 期。

陕西省博物馆、礼泉县文教局唐墓发掘组：《唐郑仁泰墓发掘简报》，《文物》1972 年第 7 期。

陕西省博物馆、文管会：《唐李寿墓发掘简报》，《文物》1974 年第 9 期。

陕西省文物管理委员会等：《唐阿史那忠墓发掘简报》，《考古》1977 年第 2 期。

陕西省文管会、昭陵文管所：《陕西礼泉唐张士贵墓》，《考古》1978 年第 3 期。

陕西省考古研究所、咸阳市考古研究所：《北周武帝孝陵发掘简报》，《考古与文物》1997 年第 2 期。

陕西省考古研究院：《唐李倕墓发掘简报》，《考古与文物》2015 年第 6 期。

陕西省考古研究院等:《陕西华阴市唐宋素墓发掘简报》,《考古与文物》2018 年第 3 期。

陕西省考古研究院：《陕西西安市长安区茅坡村 M21 发掘简报》，《考古与文物》2018 年第 3 期。

师小群，呼啸：《唐贞顺皇后敬陵被盗壁画初释》，《文博》2011 年第 3 期。

石家庄文化局文物发掘组：《河北赞皇东魏李希宗墓》，《考古》1977 年第 6 期。

施爱民：《肃南西水大长岭唐墓清理简报》，《陇右文博》2004 年第 1 期。

四川省博物馆：《四川万县唐墓》，《考古学报》1980 年第 4 期。

天水市博物馆：《天水市发现隋唐屏风石棺床墓》，《考古》1992 年第 1 期

太原市文物考古研究所：《太原北齐贺拔昌墓》，《文物》2003 年第 3 期。

太原市文物考古研究所：《山西太原一电厂唐墓出土彩绘青瓷器》，《文物》2019 年第 8 期。

滕州市文化局、滕州市博物馆：《山东滕州市西晋元康九年墓》，《考古》1999 年第 12 期。

王克林：《北齐库狄廻洛墓》，《考古学报》1979 年第 3 期。

王银田、刘俊喜：《大同智家堡北魏墓石椁壁画》，《文物》2001 年第 7 期。

西安市文物保护考古所：《西安南郊唐墓（M31）发掘简报》，《文物》2004 年第 1 期。

西安市文物保护考古所：《西安市北周史君石椁墓》，《考古》2004 年第 7 期。

西安市文物保护考古所：《唐康文通墓发掘简报》，《文物》2004 年第 1 期。

西安市文物保护考古所：《西安北周凉州萨保史君墓发掘简报》，《文物》2005 年第 3 期。

西安市文物保护考古所：《西安北周康业墓发掘简报》，《文物》2008 年第 6 期。

西安市文物保护考古研究院：《西安马家沟唐太州司马阎识微夫妇墓发掘简报》，《文物》2014 年第 10 期。

西安市文物保护考古研究院：《西安长安隋张綝夫妇合葬墓发掘简报》，《文物》2018 年第 1 期。

西藏自治区文管会文物普查队：《西藏吉隆县发现唐显庆三年〈大唐天竺使出铭〉》，《考古》1994 年第 7 期。

新疆维吾尔自治区博物馆：《吐鲁番县阿斯塔那—哈拉和卓古墓群发掘简报 1966—1969》，《文物》1972 年第 1 期。

新疆维吾尔自治区博物馆：《吐鲁番县阿斯塔那—哈拉和卓古墓群发掘简报》，《文物》1973 年第 10 期。

新疆博物馆考古队：《吐鲁番哈拉和卓墓群发掘简报》，《文物》1978 年第 6 期。

夏名采：《益都北齐石室墓线刻画像》，《文物》1985 年第 10 期。

夏名采：《青州傅家北齐画像补遗》，《文物》2001 年第 5 期。

偃师商城博物馆：《河南偃师县两座北魏墓发掘简报》，《考古》1993 年第 5 期。

昭陵文物管理所：《唐越王李贞墓发掘简报》，《文物》1977 年第 10 期。

昭陵博物馆：《唐昭陵长乐公主墓》，《文博》1988 年第 3 期。

昭陵博物馆：《唐安元寿夫妇墓发掘简报》，《文物》1988 年第 12 期。

昭陵博物馆：《唐昭陵段简璧墓发掘简报》，《文博》1989 年第 6 期。

中国社会科学院考古研究所安阳工作队：《安阳隋墓发掘报告》，《考古学报》1981 年第 3 期。

中国社会科学院考古研究所安阳工作队：《河南安阳刘家庄北地唐宋墓发掘报告》，《考古学报》2015 年第 1 期。

中国人民大学历史学院考古文博系等：《内蒙古正镶白旗伊和淖尔 M1 发掘简报》，《文物》2017 年第 1 期。

研究专著

毕波：《中古中国的粟特胡人：以长安为中心》，中国人民大学出版社，2011 年。

包铭新主编《西域异服：丝绸之路出土古代服饰复原研究》，东华大学出版社，2007 年。

蔡鸿生：《唐代九姓胡与突厥文化》，中华书局，1998 年。

陈志谦：《昭陵唐墓壁画》，《陕西历史博物馆馆刊（第一辑）》，三秦出版社，1994 年。

陈良伟：《丝绸之路河南道》，中国科学出版社，2002 年。

陈凌：《突厥汗国与欧亚文化交流的考古学研究》，上海古籍出版社，2013 年。

陈凌、马健：《丝绸之路的宗教遗存》，三秦出版社，2015 年。

陈海涛、刘惠琴：《来自文明十字路口的民族：唐代入华粟特人研究》，商务印书馆，2006 年。

陈芳等：《粉黛罗绮：中国古代女子服饰时尚》，生活·读书·新知三联书店，2015 年。

陈粟裕：《从于阗到敦煌：以唐宋时期图像的东传为中心》，方志出版社，2014 年。

陈晓露：《罗布泊考古研究》，上海古籍出版社，2022 年。

程义：《关中地区唐代墓葬研究》，文物出版社，2012 年。

程旭：《唐韵胡风：唐墓壁画中的外来文化因素及其反映的民族关系》，文物出版社，2016 年。

傅芸子：《正仓院考古记》，上海书画出版社，2014 年。

付马：《丝绸之路上的西州回鹘王朝》，社会科学文献出版社，2019 年。

葛承雍：《唐韵胡音与外来文明》，中华书局，2006 年。

葛承雍：《大唐之国：1400 年的记忆遗产》，生活·读书·新知三联书店，2018 年。

葛承雍：《胡马度阴山：胡汉中国与外来文明·民族卷》，生活·读书·新知三联书店，2020 年。

葛承雍：《绿眼紫髯胡：胡汉中国与外来文明·胡俑卷》，生活·读书·新知三联书店，2020 年。

葛承雍：《番僧入华来：胡汉中国与外来文明·宗教卷》，生活·读书·新知三联书店，2020 年。

葛承雍：《绵亘万里长：胡汉中国与外来文明·交流卷》，生活·读书·新知三联书店，2020 年。

葛承雍：《拂菻花乱彩：胡汉中国与外来文明·艺术卷》，生活·读书·新知三联书店，

2020 年。

郭萍：《粟特美术在丝绸之路上的东传》，四川大学出版社，2015 年。

郭云艳：《罗马—拜占庭帝国嬗变与丝绸之路：以考古发现钱币为中心》，中央编译出版社，2022 年。

国家文物局主编：《中国考古 60 年（1949—2009）》，文物出版社，2009 年。

国家文物局主编：《2003 中国重要考古发现》，文物出版社，2004 年。

国家文物局主编：《2007 中国重要考古发现》，文物出版社，2008 年。

国家文物局主编：《2019 中国重要考古发现》，文物出版社，2020 年。

国家文物局主编：《2021 中国重要考古发现》，文物出版社，2022 年。

国家文物局主编：《2022 中国重要考古发现》，文物出版社，2023 年。

耿朔：《层累的图像：拼砌砖画与南朝艺术》，人民美术出版社，2020 年。

霍巍、赵德云：《战国秦汉时期中国西南的对外文化交流》，巴蜀书社，2007 年。

霍巍：《西南考古与中华文明》，巴蜀书社，2011 年。

霍巍：《吐蕃时代考古新发现及其研究》，科学出版社，2012 年。

霍巍：《青藏高原考古研究》，北京师范大学出版社，2016。

霍巍：《史前至唐代高原丝绸之路考古研究》，科学出版社，2023 年。

韩香：《隋唐长安与中亚文明》，中国社会科学出版社，2006 年。

韩香：《两汉迄五代中亚胡人的来华及活动》，中国社会科学出版社，2016 年。

韩香：《波斯锦与锁子甲：中古中国与萨珊文明》，社会科学文献出版社，2022 年。

韩伟：《磨砚书稿：韩伟考古论文集》，科学出版社，2001 年。

韩昇：《正仓院》，上海人民出版社，2007 年。

黄正建：《唐代衣食住行》，中华书局，2013 年。

黄正建：《走进日常：唐代社会生活考论》，中西书局，2016 年。

黄能馥、陈娟娟：《中华历代服饰艺术》，中国旅游出版社，1999 年。

黄良莹：《北朝服饰研究》，国立历史博物馆出版，2011 年。

华梅：《古代服饰》，文物出版社，2004 年。

胡戟、张弓、李斌城、葛承雍主编：《二十世纪唐研究》，中国社会科学出版社，2002 年。

胡同庆：《敦煌佛教石窟艺术图像解析》，文物出版社，2019 年。

何岁利：《唐长安城考古笔记》，陕西师范大学出版社，2018 年。

贺西林：《读图观史：考古发现与汉唐视觉文化研究》，北京大学出版社，2022 年。

姜伯勤：《中国祆教艺术史研究》，生活·读书·新知三联书店，2004 年。

姜伯勤：《敦煌吐鲁番文书与丝绸之路》，文物出版社，1994 年。

金申：《中国历代纪年佛像》，文物出版社，1994 年。

金维诺：《中华佛教史·佛教美术卷》，山西教育出版社，2013 年。

纪宗安：《9 世纪前的中亚北部与中西交通》，中华书局，2008 年。

林树中、马鸿增主编：《六朝艺术》，江苏美术出版社，1996 年。

林梅村：《西域文明——考古、民族、语言和宗教新论》，文物出版社，1995 年。

林梅村：《汉唐西域与中国文明》，文物出版社，1998 年。

林梅村：《古道西风：考古新发现所见中外文化交流》，生活·读书·新知三联书店，2000 年。

林梅村：《丝绸之路考古十五讲》，北京大学出版社，2006 年。

林梅村：《松漠之间：考古新发现所见中外文化交流》，生活·读书·新知三联书店，2007 年。

林梅村：《西域考古与艺术》，北京大学出版社，2017 年。

林梅村：《轴心时代的波斯与中国：张骞通西域前的丝绸之路》，西北大学出版社，2021 年。

林梅村：《波斯考古与艺术》，北京大学出版社，2023 年。

林圣智：《图像与装饰：北朝墓葬的生死表象》，台湾大学出版中心，2019 年。

李淞：《长安艺术与宗教文明》，中华书局，2002 年。

李斌城等：《隋唐五代社会生活史》，中国社会科学出版社，2004 年。

李瑞哲：《魏晋南北朝隋唐时期陆路丝绸之路上的胡商》，四川大学博士学位论文，2007 年。

李水城：《耀武扬威：权杖源流考》，上海古籍出版社，2021 年。

李崇峰：《佛教考古：从印度到中国（修订本）》，上海古籍出版社，2020 年。

罗二虎主编：《中国美术考古研究现状》，上海大学出版社，2008 年。

罗丰：《胡汉之间："丝绸之路"与西北历史考古》，文物出版社，2004 年。

罗宗真：《魏晋南北朝考古》，文物出版社，2001 年。

刘文锁：《丝绸之路：内陆欧亚考古与历史》，兰州大学出版社，2010 年。

刘迎胜：《丝绸之路》，江苏人民出版社，2014 年。

刘永华：《中国古代军戎服饰》，清华大学出版社，2013 年。

刘永华：《中国历代服饰集萃》，清华大学出版社，2013 年。

刘永华：《中国古代车舆马具》，清华大学出版社，2013 年。

刘德增：《秦汉衣食住行》，中华书局，2015 年。

刘淼、胡舒扬：《沉船、瓷器与海上丝绸之路》，社会科学文献出版社，2016 年。

刘未：《鸡冠壶：历史考古札记》，上海古籍出版社，2019 年。

李肖冰：《中国西域民族服饰》，新疆人民出版社，1995 年。

李淞：《长安艺术与宗教文明》，中华书局，2002 年。

李零：《入山与出塞》，文物出版社，2004 年。

李零：《波斯笔记（上、下）》，三联书店出版社，2019 年。

李星明：《唐代墓室壁画研究》，陕西人民美术出版社，2005 年。

李青：《古楼兰鄯善艺术综论》，中华书局，2005 年。

李梅田：《魏晋南北朝墓葬的考古学研究》，商务印书馆，2009 年。

李梅田：《葬之以礼：魏晋南北朝丧葬礼俗与文化变迁》，上海古籍出版社，2021 年。

李梅田：《中古丧葬模式与礼仪空间（上、下）》，上海古籍出版社，2023 年。

李杰：《立象尽意：魏晋南北朝平面图像的美术考古学研究》，商务印书馆，2019 年。

李裕群：《中国石窟寺》，科学出版社，2022 年。

吕一飞：《胡族习俗与隋唐风韵：魏晋北朝北方少数民族社会风俗及其对隋唐的影响》，书目文献出版社，1994 年。

吕博：《头饰背后的政治史：从"武家诸王样"到"五代僭越样"》，四川人民出版社，2019 年。

蓝琪：《金桃的故乡撒马尔罕》，商务印书馆，2014 年。

廖旸：《克孜尔石窟壁画年代学研究》，社会科学文献出版社，2012 年。

马雍：《西域史地文物丛考》，文物出版社，1990 年。

马冬：《唐代服饰专题研究：以胡汉服饰文化交融为中心》，陕西师范大学博士学位论文，2006 年。

马驰：《唐代蕃将》，三秦出版社，2011 年。

毛阳光等：《唐宋时期黄河流域的外来文明》，科学出版社，2010 年。

罗宗真主编：《魏晋南北朝文化》，学林出版社、上海教育出版社，2000 年。

罗世平、廖旸：《古代壁画墓》，文物出版社，2005 年。

罗世平、齐东方：《波斯和伊斯兰美术》，中国人民大学出版社，2010 年。

卢兆荫：《稽古文存：卢兆荫汉唐考古文集》，中国社会科学出版社，2018 年。

齐东方：《唐代金银器研究》，中国社会科学出版社，1999 年。

齐东方：《隋唐考古》，文物出版社，2002 年。

齐东方：《花舞大唐春：解读何家村遗宝》，上海古籍出版社，2018 年。

齐东方、李雨生：《中国古代物质文化史·玻璃器》，开明出版社，2018 年。

齐东方：《碰撞与交融：考古发现与外来文化》，科学出版社，2021 年。

齐东方：《行走在汉唐之间》，上海古籍出版社，2022 年。

荣新江：《隋唐长安：性别、记忆及其他》，复旦大学出版社，2010 年。

荣新江：《学术训练与学术规范》，北京大学出版社，2011 年。

荣新江：《中古中国与外来文明（修订版）》，生活·读书·新知三联书店，2014 年。

荣新江：《中古中国与粟特文明》，生活·读书·新知三联书店，2014 年。

荣新江：《丝绸之路与东西文化交流》，北京大学出版社，2015 年。

荣新江：《学理与学谊：荣新江序跋集》，中华书局，2018 年。

荣新江：《敦煌学新论（增订本）》，甘肃教育出版社，2021 年。

荣新江：《从张骞到马可·波罗：丝绸之路十八讲》，江西人民出版社，2022 年。

冉万里：《丝路豹斑：不起眼的交流，不经意的发现》，科学出版社，2016 年。

冉万里：《唐代长安地区佛教造像的考古学研究》，科学出版社，2017 年。

冉万里：《丝路豹斑：不起眼的交流，不经意的发现（续集）》，科学出版社，2020 年。

冉万里：《丝路豹斑：不起眼的交流，不经意的发现（再续）》，科学出版社，2021 年。

芮传明：《"胡人"与文明交流纵横谈》，商务印书馆，2016 年。

宿白：《中国石窟寺研究》，文物出版社，1996 年。

宿白主编：《中华人民共和国重大考古发现（1949—1999）》，文物出版社，1999 年。

宿白：《张彦远和〈历代名画记〉》，文物出版社，2008 年。

宿白：《汉唐宋元考古：中国考古学（下）》，文物出版社，2010 年。

宿白：《考古发现与中西文化交流》，文物出版社，2012 年。

沈从文：《中国古代服饰研究》，上海书店出版社，1997 年。

沈福伟：《中西文化交流史（第 2 版）》，上海人民出版社，2006 年。

沈睿文：《唐陵的布局：空间与秩序》，北京大学出版社，2009 年。

沈睿文：《安禄山服散考》，上海古籍出版社，2015 年。

沈睿文：《中古中国祆教信仰与丧葬》，上海古籍出版社，2019 年。

沈睿文：《墓葬中的礼与俗》，上海古籍出版社，2022 年。

单海澜：《长安粟特艺术史》，三秦出版社，2015 年。

孙机：《中国圣火：中国古文物与东西文化交流中的若干问题》，辽宁教育出版社，1996 年。

孙机：《中国古舆服论丛（增订本）》，文物出版社，2001 年。

孙机：《汉代物质文化资料图说（增订本）》，上海古籍出版社，2012 年

孙机：《仰观集——古文物的欣赏与鉴别（修订本）》，文物出版社，2015 年。

孙机：《中国古代物质文化》，中华书局，2014 年。

孙机：《从历史中醒来：孙机谈中国古文物》，生活·读书·新知三联书店，2016 年。

孙晨阳主编：《中国北方古代少数民族服饰研究·匈奴、鲜卑卷》，东华大学出版社，2013 年。

孙晨阳、张珂编：《中国古代服饰辞典》，中华书局，2015 年。

孙武军：《入华粟特人墓葬图像的丧葬与宗教文化》，中国社会科学出版社，2014 年。

孙长初：《中国艺术考古学初探》，文物出版社，2004 年。

孙英刚、何平：《犍陀罗文明史》，生活·读书·新知三联书店，2018 年。

孙英刚、何平：《图说犍陀罗文明》，生活·读书·新知三联书店，2019 年。

施安昌：《火坛与祭司神鸟》，紫禁城出版社，2004 年。

石云涛：《三至六世纪丝绸之路的变迁》，文化艺术出版社，2007 年。

石云涛：《文明的互动：汉唐间丝绸之路与中外交流论稿》，兰州大学出版社，2014 年。

石云涛：《汉代外来文明研究》，中国社会科学出版社，2017 年。

石云涛：《唐诗镜像中的丝绸之路》，中国社会科学出版社，2020 年。

石云涛：《魏晋南北朝丝绸之路与对外关系史研究》，社会科学文献出版社，2023 年。

尚刚：《隋唐五代工艺美术史》，人民美术出版社，2005 年。

尚刚：《古物新知》，生活·读书·新知三联书店，2012 年。

尚刚：《中国工艺美术史新编（第二版）》，高等教育出版社，2015 年。

尚衍斌：《西域文化》，辽宁教育出版社，1998 年。

尚永琪：《莲花上的狮子：内陆欧亚的物种、图像与传说》，商务印书馆，2014 年。

尚永琪编著：《汉唐海洋文献辑录》，中国社会科学出版社，2023 年。

邵大箴：《古代希腊罗马美术》，中国人民大学出版社，2010 年。

沙武田：《吐蕃统治时期敦煌石窟研究》，中国社会科学出版社，2013 年。

沙武田：《榆林窟第 25 窟：敦煌图像中的唐蕃关系》，商务印书馆，2016 年。

沙武田：《归义军时期敦煌石窟考古研究》，甘肃教育出版社，2017 年。

宋丙玲：《北朝世俗服饰研究》，山东大学博士学位论文，2008 年。

宋德金：《辽金西夏衣食住行》，中华书局，2013 年。

童恩正：《南方文明》，重庆出版社，1998 年。

唐长孺：《魏晋南北朝史论拾遗》，中华书局，1983 年。

谭蝉雪：《中世纪服饰》，华东师范大学出版社，2016 年。

仝涛：《青藏高原丝绸之路的考古学研究（上、下）》，文物出版社，2021 年。

王仁湘：《善自约束：古代带钩与带扣》，上海古籍出版社，2012 年。

王小甫：《唐吐蕃大食政治关系史》，北京大学出版社，1992 年。

王小甫：《中国中古的族群凝聚》，中华书局，2012 年。

王巍总主编：《中国考古学大辞典》，上海辞书出版社，2014 年。

王镛：《印度美术》，中国人民大学出版社，2010 年。

王镛主编：《中外美术交流史》，中国青年出版社，2013 年。

王煜：《昆仑、天门、西王母与天神：汉晋升仙信仰体系的考古学综合研究》，四川大学博士学位论文，2013 年。

王建舜：《北魏陶俑》，山西经济出版社，2020 年。

王军花：《洛阳古代异域移民遗存研究》，上海交通大学出版社，2022 年。

王晓琨：《无问东西：锡林郭勒考古所见的文化交流与互动》，中国社会科学出版社，2022 年。

王银田：《回望桑干：北朝、辽金考古研究》，上海古籍出版社，2022 年。

王静、沈睿文：《大使厅壁画研究》，文物出版社，2022 年。

韦正：《六朝墓葬的考古学研究》，北京大学出版社，2011 年。

韦正：《魏晋南北朝考古》，北京大学出版社，2013 年。

韦正：《将毋同：魏晋南北朝图像与历史》，上海古籍出版社，2019 年。

韦正：《南北朝墓葬礼制研究》，上海古籍出版社，2022 年。

温翠芳：《中古中国外来香药研究》，科学出版社，2016 年。

魏兵：《中国兵器甲胄图典》，中华书局，2011 年。

吴玉贵：《西暨流沙：隋唐突厥西域历史研究》，上海古籍出版社，2020 年。

向达：《唐代长安与西域文明》，重庆出版社，2009 年。

邢义田：《画为心声：画像石、画像砖与壁画》，中华书局，2011 年。

邢义田：《立体的历史：从图像看古代中国与域外文化》，生活·读书·新知三联书店，2014 年。

徐苹芳：《丝绸之路考古论集》，上海古籍出版社，2017 年。

许新国：《西陲之地与东西方文明》，北京燕山出版社，2006 年。

许序雅：《唐朝与中亚九姓胡关系史研究》，兰州大学出版社，2012 年。

熊昭明：《汉代合浦港考古与海上丝绸之路》，文物出版社，2015 年。

熊昭明：《汉代合浦港的考古学研究》，文物出版社，2018 年。

薛瑞泽：《秦汉魏晋南北朝黄河文化与草原文化的交融》，科学出版社，2010 年。

杨泓：《美术考古半世纪：中国美术考古发现史》，文物出版社，1997 年。

杨泓：《汉唐美术考古和佛艺术》，科学出版社，2000 年。

杨泓：《中国古兵与美术考古论集》，文物出版社，2007 年。

杨泓、李力：《中国古兵二十讲》，生活·读书·新知三联书店，2013 年。

杨泓：《中国汉唐考古学九讲》，文物出版社，2015 年。

杨泓、李力：《魏晋南北朝文化史》，新世界出版社，2018 年。

杨泓：《束禾集：考古视角的艺术史》，中国社会科学出版社，2018 年。

杨泓：《考古一百年：重现中国》，北京联合出版公司，2021 年。

杨泓：《杨泓文集·古代兵器（上册）》，文物出版社，2021 年。

杨泓：《杨泓文集·古代兵器（下册）》，文物出版社，2021 年。

杨清凡：《藏族服饰史》，青海人民出版社，2003 年。

杨巨平：《互动与交流：希腊化世界与丝绸之路关系研究》，中华书局，2022 年。

扬之水：《曾有西风半点香：敦煌艺术名物丛考》，生活·读书·新知三联书店，2012 年。

扬之水：《桑奇三塔：西天佛国的世俗情味》，生活·读书·新知三联书店，2012 年。

扬之水：《唐宋家具寻微》，人民美术出版社，2015 年。

扬之水：《定名与相知——博物馆参观记》，广西师范大学出版社，2018 年。

扬之水：《定名与相知——博物馆参观记（二编）》，广西师范大学出版社，2021 年。

余太山主编：《西域通史》，中州古籍出版社，2003 年。

尹夏清：《北朝隋唐石墓门及其相关问题研究》，四川大学博士学位论文，2006年。

尹吉男：《知识生成的图像史》，生活·读书·新知三联书店，2022年。

姚崇新：《中古艺术宗教与西域历史论稿》，商务印书馆，2011年。

于薇：《圣物制造与中古中国佛教舍利供养》，文物出版社，2018年。

郑岩：《逝者的面具：汉唐墓葬艺术研究》，北京大学出版社，2013年。

郑岩：《魏晋南北朝壁画墓研究（增订版）》，文物出版社，2016年。

郑岩：《看见美好：文物与人物》，人民美术出版社，2017年。

郑春颖：《高句丽服饰研究》，中国社会科学出版社，2015年。

周伟洲：《汉唐气象：长安遗珍与汉唐文明》，中国社会科学出版社，2013年。

周伟洲：《新出土中古有关胡族文物研究》，社会科学文献出版社，2017年。

周锡保：《中国古代服饰史》，中国戏剧出版社，1984。

周汛：《中国服饰名物考》，上海文化出版社，2001年。

周汛、高春明编：《中国衣冠服饰大辞典》，上海辞书出版社，1996年。

周繁文：《长安城与罗马城：东西方两大文明都城模式的比较研究》，社会科学文献出版社，2017年。

赵联赏：《中国古代服饰图典》，云南人民出版社，2007年。

赵超：《云想衣裳：中国服饰的考古文物研究》，四川人民出版社，2004年。

赵超：《铁蹄驰骋：考古文物中的马》，上海书画出版社，2013年。

赵丰：《纺织品考古新发现》，艺纱堂服饰出版社，2002年。

赵丰：《中国丝绸艺术史》，文物出版社，2005年。

赵丰：《丝绸之路美术考古概论》，文物出版社，2007年。

赵丰主编：《敦煌丝绸与丝绸之路》，中华书局，2009年。

赵丰、尚刚、龙博编：《中国古代物质文化史·纺织（上、下）》，开明出版社，2014年。

赵丰：《锦程：中国丝绸与丝绸之路》，黄山书社，2016年。

赵德云：《西周至汉晋时期中国外来珠饰研究》，科学出版社，2016年。

赵其旺：《魏晋南北朝隋唐服饰中的西方文化因素》，四川大学博士学位论文，2017年。

赵其旺、吕千云：《中古中国女性帽冠、头饰研究》，成都时代出版社，2021年。

钟少异：《古兵雕虫：钟少异自选集》，中西书店，2015年。

朱大渭等：《魏晋南北朝社会生活史》，中国社会科学出版社，2005年。

张广达：《文本、图像与文化流传》，广西师范大学出版社，2008 年。

张广达：《文书、典籍与西域史地》，广西师范大学出版社，2008 年。

张广达：《史家、史学与现代学术》，广西师范大学出版社，2008 年。

张庆捷：《民族汇聚与文明互动：北朝社会的考古学观察》，商务印书馆，2010 年。

张庆捷：《胡商、胡腾舞与入华中亚人：解读虞弘墓》，北岳文艺出版社，2010 年。

张小贵：《中古华化祆教考》，文物出版社，2010 年。

张小贵：《中古祆教东传及其华化研究》，上海古籍出版社，2022 年。

张绪山：《中国与拜占庭帝国关系研究》，中华书局，2012 年。

张乃翥：《龙门石窟与西域文明》，中州古籍出版社，2006 年。

张乃翥、张成渝：《洛阳与丝绸之路》，国家图书馆出版社，2009 年。

张乃翥、张成渝：《丝绸之中视域中的洛阳石刻》，上海古籍出版社，2018 年。

张竞琼、孙晨阳主编：《中国北方古代少数民族服饰研究·吐蕃、党项、女真卷》，东华大学出版社，2013 年。

张夫也：《外国工艺美术史（第二版）》，高等教育出版社，2015 年。

张景明：《金银器与草原丝绸之路研究》，兰州大学出版社，2017 年。

张国刚：《文明的边疆：从远古到近世》，中信出版集团，2020 年。

张信刚：《文明的地图：一部丝绸之路的风云史》，中信出版集团，2020 年。

中国国家博物馆编：《文物三国两晋南北朝史》，中华书局，2009 年。

中国国家博物馆编：《文物隋唐史》，中华书局，2009 年。

中国社会科学院考古研究所编：《中国考古学·秦汉卷》，中国社会科学出版社，2010 年。

中国社会科学院考古研究所编：《中国考古学·三国两晋南北朝卷》，中国社会科学出版社，2018 年。

[日] 原田淑人：《唐代的服饰》，东洋文库，1970 年。

[日] 田边胜美：《毗沙门天的诞生》，吉川弘文馆，1999 年。

[日] 栗田功：《大美之佛像：犍陀罗艺术》，周昀、唐启山译，文物出版社，2017 年。

[日] 松本荣一：《敦煌画研究》，林保尧、赵声良、李梅译，浙江大学出版社，2019 年。

[日] 石见清裕：《唐代的国际关系》，吴志宏译，中西书局，2019 年。

[日] 冈村秀典：《云冈石窟的考古学研究》，徐小淑译，四川人民出版社，2021 年。

[日] 八木春生：《纹样与图像：中国南北朝时期的石窟艺术》，姚瑶等译，上海古

籍出版社，2021 年。

[韩] 李娅恩：《北朝装饰纹样》，故宫出版社，2014 年

[美] 劳弗尔：《中国伊朗编》，林筠因译，商务印书馆，1964 年。

[美] 约翰·格里菲思·佩德利：《希腊艺术与考古》，李冰清译，广西师范大学出版社，
2005 年。

[美] 爱德华·谢弗：《唐代的外来文明》，吴玉贵译，陕西师范大学出版社，2005 年。

[美] J.G. 马勒：《唐代塑像中的西域人》，王欣译，兰州大学出版社，2012 年。

[美] 芮乐伟·韩森：《丝绸之路新史》，张湛译，北京联合出版公司，2015 年。

[美] 米夏埃尔·比尔冈：《古代波斯诸帝国》，李铁匠译，商务印书馆，2015 年。

[美] 德布拉·斯凯尔顿、帕梅拉·戴尔：《亚历山大帝国》，郭子林译，商务印书馆，
2015 年。

[美] 陆威仪：《唐朝：世界性的帝国》，张晓东、冯世明译，中信出版集团，2016 年。

[美] 丁爱博：《六朝文明》，李梅田译，社会科学文献出版社，2021 年。

[英] 吴芳思：《丝绸之路 2000 年》，赵学工译，山东画报出版社，2008 年。

[英] 彼得·弗兰科潘：《丝绸之路：一部全新的世界史》，邵旭东、孙芳译，浙江大学
出版社，2016 年。

[英] 理查德·西奥多·尼尔：《希腊世界的艺术与考古》，翁海贞译，华中科技大学出
版社，2020 年。

[英] 马克·D. 富勒顿：《罗马世界的艺术与考古》，郭佳好译，华中科技大学出版社，
2020 年。

[法] L. 布尔努娃：《丝绸之路：神祇、军士与商贾》，耿昇译，云南人民出版社，2015 年。

[法] 葛乐耐：《驶向撒马尔罕的金色旅程》，毛铭译，漓江出版社，2016 年。

[法] 科妮莉亚·桑塔格编：《大师肖像》，张艾嘉译，江苏凤凰科学技术出版社，2018 年。

[意] 康马泰：《唐风吹拂撒马尔罕：粟特艺术与中国、波斯、印度、拜占庭》，毛铭译，
漓江出版社，2016 年。

[意] 康马泰：《撒马尔罕的荣光：阿夫拉西阿卜壁画解谜》，李思飞译，社会科学文
献出版社，2023 年。

[意] 卡列宁等编：《犍陀罗艺术探源》，魏正中、王倩译，上海古籍出版社，2016 年。

[俄] 雅诺什·哈尔马塔主编：《中亚文明史（第二卷）》，徐文堪、芮传明译，中国对

外翻译出版社，2002 年。

[俄]B.A. 李特文斯基、张广达主编：《中亚文明史（第三卷）》，马小鹤译，中国对外翻译出版社，2003 年。

[俄] 普加琴科娃、列穆佩:《中亚古代艺术》，陈继周、李琪译，新疆美术摄影出版社，2013 年。

[俄] 马尔夏克：《突厥人、粟特人与娜娜女神》，毛铭译，漓江出版社，2016 年。

[俄] 鲍里斯·艾里克·马尔沙克：《粟特银器》，李梅田、付承章、吴忱译，上海古籍出版社，2019 年。

[伊朗] 哈比比安拉·阿亚图拉希：《伊朗艺术史》，王泽壮译，湖南美术出版社，2023 年。

研究论文

安家瑶：《中国的早期玻璃器皿》，《考古学报》1984 年第 4 期。

毕波：《北周的胡人与胡化》，《文史》2005 年第 4 期。

毕波：《隋代大兴城的西域胡人及其聚居区的形成》，《西域研究》2011 年第 2 期。

陈垣：《火祆教入中国考》，载陈垣：《陈垣学术论文集（第 1 集）》，中华书局，1980 年。

陈志强：《我国所见拜占庭铸币相关问题研究》，《考古学报》2004 年第 3 期。

陈彦姝：《六世纪中后期的中国联珠纹织物》，《故宫博物院院刊》2007 年第 1 期。

陈晓露：《楼兰壁画墓所见贵霜文化因素》，《考古与文物》2012 年第 2 期。

陈丽萍：《试谈唐懿德太子墓出土的甲骑具装俑的历史价值》，《文博》2011 年第 6 期。

陈海涛：《胡旋舞、胡腾舞与柘枝舞：对安伽墓与虞弘墓中舞蹈归属的浅析》，《考古与文物》2003 年第 3 期。

陈婧修：《固原九龙山 M33 出土下颌托研究》，载朱玉麒主编：《西域文史（第十二辑）》，科学出版社，2018 年。

崔世平：《隐囊考》，《考古》2011 年第 12 期。

程林泉、张翔宇、张小丽：《西安北周李诞墓初探》，载中山大学艺术史研究中心编：《艺术史研究（第 7 辑）》，中山大学出版社，2005 年。

段文杰：《莫高窟唐代艺术中的服饰》，载阎文儒、陈玉龙主编：《向达先生纪念论文集》，新疆人民出版社，1986 年。

董新林：《北魏方山永固陵初步研究》，《考古》2023 年第 5 期。

范淑英：《四海来尊 丹青写照：唐代蕃人画的样式及其功能初探》，《四川文物》2008 年第 5 期。

付承章：《大同北魏封和突墓银盘考》，载陈晓露主编：《芳林新叶：历史考古青年论集（第二辑）》，上海古籍出版社，2019 年。

葛明宇、邱永生、白荣金：《徐州狮子山西汉楚王陵出土铁甲胄的清理与复原研究》，《考古学报》2008 年第 1 期。

葛承雍：《"胡人岁献葡萄酒"的艺术考古与文物印证》，《故宫博物院院刊》2008 年第 6 期。

葛承雍：《唐代狩猎俑中的胡人猎师形象研究》，《故宫博物院院刊》2010 年第 6 期。

葛承雍：《唐贞顺皇后（武惠妃）石椁浮雕线刻画中的西方艺术》，载荣新江主编：《唐研究（第 16 辑）》，北京大学出版社，2011 年。

葛承雍：《北朝粟特人大会中祆教色彩的新图像：中国国家博物馆藏北朝石堂解析》，《文物》2016 年第 1 期。

葛承雍：《环形壶：从地中海到大兴城——西安隋墓出土环形壶（askos）艺术研究》，《文物》2020 年第 1 期。

葛承雍：《上党殊样：山西长冶唐胡商骑驼俑探讨》，《故宫博物院院刊》2021 年第 12 期。

葛承雍：《甘肃山丹收藏的"胡腾舞俑"辨析》，《文物》2021 年第 6 期。

葛承雍：《门扉上的胡人：中古墓葬石门上的别样艺术》，《美术研究》2021 年第 4 期。

葛承雍：《新出中古墓葬壁画中的下层胡人艺术形象》，《故宫博物院院刊》2022 年第 8 期。

葛承雍：《两大文明的对接与互动：读＜波斯锦与锁子甲：中古中国与萨珊文明＞》，《读书》2023 年第 7 期。

葛承雍：《从爱琴海到唐长安：新发现唐三彩希腊海神特里同造型角杯研究》，《文物》2023 年第 8 期。

郭萍：《从克孜尔石窟壁画看龟兹地区粟特艺术的传播》，《西域研究》2010 年第 4 期。

郭物：《固原史诃耽夫妻合葬墓所出宝石印章图案考》，《考古与文物》2015 年第 5 期。

高伟、翟晓兰：《从"鸭形玻璃注"看北燕时期中西交流》，《文博》2009 年第 5 期。

霍巍：《粟特人与青海道》，《四川大学学报（哲学社会科学版）》2005 年第 2 期。

霍巍：《西域风格与唐风染化：中古时期吐蕃与粟特人的棺板装饰传统试析》，《敦煌学辑刊》2007 年第 1 期。

霍巍：《青海出土吐蕃木棺板画的初步观察与研究》，《西藏研究》2007 年第 2 期。

霍巍：《吐蕃系统金银器研究》，《考古学报》2009 年第 1 期。

霍巍：《突厥王冠与吐蕃王冠》，《考古与文物》，2009 年第 5 期。

霍巍：《吐蕃马具与东西方文明的交流》，《考古》2009 年第 11 期。

霍巍：《金银器上的吐蕃宝马与骑士形象》，《西藏大学学报（社会科学版）》2014 年第 1 期。

霍巍：《从于阗到益州：唐宋时期毗沙门天王图像的流变》，《中国藏学》2016

年第 1 期。

霍巍、赵其旺：《辽宁朝阳黄河路唐墓石俑族属考》，《社会科学战线》2019 年第 6 期。

霍巍、庞政：《试论中国境内出土的下颌托》，《考古学报》2020 年第 2 期。

贺西林：《胡风与汉尚：北周入华中亚人画像石葬具的视觉传统与文化记忆》，《美术大观》2020 年第 11 期。

韩建业：《早期东西文化交流的三个阶段》，《考古学报》2021 年第 3 期。

何利群：《邺城遗址出土北齐石塔及相关图像的探讨》，《考古》2021 年第 5 期。

金申：《从杨子华的绘画和墓室壁画考证北齐皇室的生活》，《考古与文物》2005 年第 3 期。

姜念思：《辽宁朝阳市黄河路唐墓出土鞢鞢石俑考》，《考古》2005 年第 10 期。

姜涛：《唐三彩龟兹人俑》，载《陕西历史博物馆馆刊（第 8 辑）》，三秦出版社，2001 年。

李瑞哲：《试论胡商在丝绸之路上的活动以及中原王朝对待胡商的政策》，《敦煌学辑刊》2009 年第 2 期。

李怡：《西安地区唐墓壁画中卫士常服考辨》，《文博》2003 年第 3 期。

李雁、刘斌、潘海民：《北魏平城与洛阳墓葬陶俑之比较》，《中国国家博物馆馆刊》2013 年第 2 期。

李文儒：《墓室空留七彩画》，《文物天地》2003 年第 4 期。

李青：《楼兰绘画艺术源流考》，《美术》2004 年第 5 期。

李宁民：《天水出土屏风石棺床再探讨》，《中原文物》2013 年第 3 期。

李鸿宾：《安菩墓志铭再考：一个胡人家族入居内地的案例分析》，载《唐史论丛（第 12 辑）》，三秦出版社，2010 年。

李星明：《唐代护法神式镇墓俑试析》，载颜娟英、石守谦主编：《艺术史中的汉晋与唐宋之变》，北京大学出版社，2016 年。

李静杰：《炳灵寺第 169 窟西秦图像反映的犍陀罗因素东传情况》，《敦煌研究》2017 年第 3 期。

李雨生、田有前：《西安茅坡村隋墓骆驼俑驮囊模印图像初论》，《考古与文物》2018 年第 3 期。

李云河：《再论马镫起源》，《考古》2021 年第 11 期。

李梅田、黄晓赢：《弗利尔美术馆石棺床与响堂山石窟皇帝陵藏》，《美术研究》2021 年第 1 期。

刘文锁：《唐代"胡人"图像初探》，《欧亚学刊》2007 年第 6 辑。

刘连香：《北魏中后期纪年墓等级规制研究》，《考古学报》2022 年第 1 期。

刘韬、夏立栋：《佛窟中的祆神：吐峪沟西区中部回鹘佛寺壁画"四臂女神"图像与样式考》，《中国国家博物馆馆刊》2022 年第 3 期。

郎保利、渠传福：《试论北齐徐显秀墓的祆教文化因素》，《世界宗教研究》2004 年第 3 期。

林沄：《中国北方长城地带游牧文化带的形成过程》，载《燕京学报（第 14 期）》，北京大学出版社，2003 年。

林健：《甘肃出土的隋唐胡人俑》，《文物》2009 年第 1 期。

卢兆荫：《何文哲墓志考释：兼谈隋唐时期在中国的中亚人》，《考古》1986 年第 9 期。

罗世平：《天堂喜宴：青海海西州郭里木吐蕃棺板画笺证》，《文物》2006 年第 7 期。

罗丰：《北周史君墓出土的拜占庭金币仿制品析》，《文物》2005 年第 3 期。

刘江英：《〈客使图〉大食使者质疑：兼论唐与粟特之关系》，《文博》2011 年第 3 期。

梁桂林、张鑫：《丝路胡俑外来风》，《收藏家》2008 年第 7 期。

骆东峰：《大同北魏墓葬中的乐舞形象》，《文物天地》2020 年第 12 期。

吕千云、赵其旺：《北齐、唐代女性盘辫发式源流研究》，《中国国家博物馆馆刊》2022 年第 1 期。

吕千云、赵其旺：《北齐、唐代袍服局部装饰织物源流研究》，《中国国家博物馆馆刊》2023 年第 10 期。

吕千云、赵其旺：《唐代雕塑所见锁子甲源流研究》，《美术观察》2023 年第 12 期。

吕千云、赵其旺：《半臂与半袖源流研究》，《四川文物》录用待刊。

马雍：《北魏封和突墓及其所出的波斯银盘》，《文物》1983 年第 8 期。

马冬、陶涛：《锁子甲的起源、形制及其传入中国》，《中国典籍与文化》2005 年第 1 期

马冬：《青州傅家画像石〈商谈图〉服饰文化研究》，《华夏考古》2011 年第 3 期。

马晓玲：《中古时期入华粟特人墓葬的发现与研究》，《中国史研究动态》2015 年第 3 期。

倪润安：《北周墓葬俑群研究》，《考古学报》2005 年第 1 期。

牛世山：《文化因素分析方法与人文社会科学研究》，载王文超、何驽主编：《学而述而里仁——李伯谦先生从事教学考古 60 周年暨学术思想研讨会文集》，科学出版社，2022 年。

齐东方：《胡姬貌如花，当垆笑春风：唐代的胡姬俑与胡姬》，载中山大学艺术史研究中心编：《艺术史研究（第 5 辑）》，中山大学出版社，2003 年。

齐东方：《丝绸之路的象征符号：骆驼》，《故宫博物院院刊》2004 年第 6 期。

齐东方：《虞弘墓人兽搏斗图像及其文化属性》，《文物》2006 年第 8 期。

齐东方：《现实与理想之间：安伽、史君墓石刻图像的思考》，载巫鸿、郑岩主编：《古代墓葬美术研究（第一辑）》，文物出版社，2011 年。

荣新江：《波斯与中国：两种文化在唐朝的交融》，载刘东编：《中国学术（第 4 辑）》，商务印书馆，2002 年。

荣新江：《何谓胡人：隋唐时期胡人族属的自认与他认》，载樊英峰主编：《乾陵文化研究（第 4 辑）》，三秦出版社，2008 年。

荣新江：《Miho 美术馆粟特石棺屏风的图像及其组合》，载《艺术史研究（第 4 辑）》，中山大学出版社，2008 年。

荣新江、文欣：《"西域"概念的变化与唐朝"边境"的西移：兼谈安西都护府在唐政治体系中的地位》，《北京大学学报（哲学社会科学版）》2012 年第 4 期。

任江：《初论西安唐墓出土的粟特人胡俑》，《考古与文物》2004 年第 5 期。

宿白：《西安地区唐墓壁画的布局和内容》，《考古学报》1982 年第 2 期。

宿白：《太原北齐娄睿墓参观记》，《文物》1983 年第 10 期。

孙培良：《略谈大同市南郊出土的几件银器和铜器》，《文物》1977 年第 9 期。

孙莉《萨珊银币在中国的分布及其功能》，《考古学报》2004 年第 1 期。

孙博：《国博石堂的年代、匠作传统和归属》，载巫泓、朱青生、郑岩主编：《古代墓葬美术研究（第四辑）》，湖南美术出版社，2017 年。

宋丙玲：《北朝袒石肩陶俑初探》，《华夏考古》2007 年第 2 期。

宋丙玲：《浅析图像资料在古代服饰研究中的局限性：以北朝服饰研究为例》，《南京艺术学院学报》2009 年第 4 期。

沈睿文：《唐镇墓天王俑与毗沙门信仰推论》，载樊英峰主编：《乾陵文化研究（第 5 辑）》，三秦出版社，2010 年。

沈睿文：《重读安菩墓》，《故宫博物院院刊》2009 年第 4 期。

沈睿文：《敦煌 249、285 窟的窟顶图像》，《故宫博物院院刊》2023 年第 6 期。

沙武田：《敦煌石窟粟特九姓胡人供养像研究》，《敦煌学辑刊》2008 年第 4 期。

沙武田：《莫高窟第 322 窟图像的胡风因素：兼谈洞窟功德主的粟特九姓胡人属性》，《故宫博物院院刊》2011 年第 3 期。

沙武田：《丝绸之路交通贸易图像：以敦煌画商人遇盗图为中心》，载陕西师范大学历史文化学院等编：《丝绸之路研究集刊（第一辑）》，商务印书馆，2017 年。

沙武田：《唐墓骆驼俑驮囊兽首形象属性考》，《文物》2021 年第 2 期。

商春芳：《洛阳北魏墓妇女俑服饰浅论》，《华夏考古》2000 年第 3 期。

师若予：《岷山道上的南朝佛教伎乐人图式来源考》，载四川博物院编：《博物馆学刊（第一辑）》，四川人民出版社，2011 年。

师若予：《南北朝晚期大型墓葬出土胡人驱傩画像砖和俑研究》，《中国国家博物馆馆刊》2016 年第 5 期。

尚永琪：《汉唐时代的动物传播与文明交流》，《社会科学战线》2020 年第 2 期。

尚刚：《唐代丝绸两题》，《故宫博物院院刊》2023 年第 3 期。

仝涛：《木棺装饰传统：中世纪早期鲜卑文化的一个要素》，载《藏学学刊（第 3 辑）》，四川大学出版社，2007 年。

仝涛：《青海郭里木吐蕃棺板画所见丧礼图考释》，《考古》2012 年第 11 期。

仝涛：《青海都兰热水一号大墓的形制、年代及墓主人身份探讨》，《考古学报》2012 年第 4 期。

仝涛：《甘肃肃南大长岭吐蕃墓葬的考古学观察》，《考古》2018 年第 6 期。

韦正：《金珰与步摇：汉晋命妇冠饰试探》，《文物》2013 年第 5 期。

武敏：《新疆出土汉：唐纺织品初探》，《文物》1962 年第 7、8 期合刊。

武敏：《吐鲁番出土蜀锦的研究》，《文物》1984 年第 6 期。

武敏：《吐鲁番考古资料所见唐代妇女时装》，《西域研究》1992 年 1 期。

吴小平、崔本信：《三峡地区唐宋墓出土下颌托考》，《考古》2010 年第 8 期。

王维坤：《唐章怀太子墓壁画"客使图"辨析》，《考古》1996 年第 1 期。

王维坤：《丝绸之路沿线发现的死者口中含币习俗研究》，《考古学报》2003 年第 2 期。

王维坤：《论西安北周粟特人墓和罽宾人墓的葬制和葬俗》，《考古》2008 年 10 期。

王维坤、赵今：《再论我国境内出土下颌托的性质及其来源》，载北京大学中国考古学研究中心编：《两个世界的徘徊：中古时期丧葬观念风俗与礼仪制度学术研讨会论文集》，科学出版社，2016年。

王彬：《唐墓壁画中的妇女发饰》，《东南文化》2004年第6期。

王浩：《唐墓中的几种鸟饰冠俑》，《紫禁城》2010年第4期。

王晓莉、樊英峰：《谈乾陵唐墓壁画线刻画仕女人物的披帛》，《文博》2011年第4期。

王援朝、钟少异：《弯月形弓弢的源流：西域兵器影响中原的一个事例》，《文物天地》1997年第6期。

王援朝：《北朝以降马刀在华流传考》，《中国历史文物》2008年第1期。

王援朝：《西域宽刃剑与中西文化交流》，《中国国家博物馆馆刊》，2011年第7期。

王铁英：《马镫的起源》，载《欧亚学刊（第三辑）》，中华书局，2002年。

王煜：《四川雅安汉墓出土"双兽搏斗"石雕及相关问题》，《中国国家博物馆馆刊》，2012年第6期。

王煜：《汉墓"虎食鬼魅"画像试探：兼谈汉代墓前石雕虎形翼兽的起源》，《考古》2010年第12期。

王永平：《"波斯狗"东传：从伊朗到中国——兼论粟特人在丝绸之路物种传播中的贡献》，《唐史论丛》2016年第2期。

王晓琨：《试析伊和淖尔M1出土人物银碗》，《文物》2017年第1期。

王援朝：《古格王国兵器与外域文化影响》，《中国藏学》1998年第2期。

王乐、赵丰：《吐鲁番出土文书和面衣所见波斯锦》，《艺术设计研究》，2019年第2期。

温翠芳：《唐代长安西市中的胡姬与丝绸之路上的女奴贸易》，《西域研究》2006年第2期。

向达：《西域见闻琐记》，《文物》1962年第7期。

夏鼐：《中国最近发现的波斯萨珊朝银币》，《考古学报》1957年第2期。

夏鼐：《新疆发现的古代纺织品：绮、锦和刺绣》，《考古学报》1963年第1期。

夏鼐：《唐苏谅妻马氏墓志跋》，《考古》1964年第9期。

夏鼐：《北魏封和突墓出土萨珊银盘考》，《文物》1983年第8期。

徐苹芳：《考古学上所见中国境内的丝绸之路》，载《燕京学报（新一期）》，北京大学出版社，1995年。

谢明良：《希腊美术的东渐？从河北献县唐墓出土陶武士俑谈起》，《故宫文物月刊》第 15 卷第 7 期。

谢继胜、朱姝纯：《关于〈步辇图〉研究的几个问题》，《故宫博物院院刊》2018 年第 4 期。

熊存瑞：《隋李静训墓出土金项链、金手镯的产地问题》，《文物》1987 年第 10 期。

许新国、赵丰：《都兰出土纺织品初探》，《中国历史博物馆馆刊》1991 年第 15、16 期。

许新国：《都兰吐蕃墓出土含绶鸟织锦研究》，《中国藏学》1996 年第 1 期。

许新国：《郭里木吐蕃墓葬棺板画研究》，《中国藏学》2005 年第 1 期。

筱原典生：《毗沙门天图像的起源与演变》，《青年考古学家》2006 年第 18 期。

云翔：《唐章怀太子墓壁画客使图中"日本使节"质疑》，《考古》1984 年第 12 期。

杨泓：《古代东方和西方的铠甲系统：参观"秦汉—罗马展"札记》，《文物》2010 年第 3 期。

杨瑾：《唐墓壁画中的胡人形象》，《文博》2011 年第 3 期。

杨瑾：《唐章怀太子李贤墓 < 客使图 > 戴鸟羽冠使者之渊源》，《中国国家博物馆馆刊》2018 年第 7 期。

杨瑾：《隋代墓葬出土胡人类型与文化渊源初探》，《考古与文物》2019 年第 6 期。

扬之水：《龟兹舍利盒乐舞图新议》，《文物》2010 年第 9 期。

扬之水：《吐蕃金银器知见录》，《紫禁城》2020 年第 5 期。

员雅丽、冯钢：《北齐韩祖念墓出土玻璃杯考：兼论魏晋南北朝时期波斯玻璃器之东传》，《华夏考古》2020 年第 2 期。

于志勇：《楼兰—尼雅地区出土汉晋文字织锦初探》，《中国历史文物》2003 年第 6 期。

尹夏清：《陕西靖边出土的彩绘贴金浮雕石墓门及其相关问题探讨》，《考古与文物》2005 年第 1 期。

张建林：《腰刀与发辫：唐陵陵园石刻蕃酋像中的突厥人形象》，载樊英峰主编：《乾陵文化研究（第 4 辑）》，三秦出版社，2008 年。

张建林：《李倕墓出土遗物杂考》，《考古与文物》2015 年第 6 期。

张建林、张博：《唐代帝陵蕃酋像的发现与研究》，载罗丰主编：《丝绸之路考古（第 4 辑）》，科学出版社，2020 年。

张庆捷：《粟特商人贩马图考释》，载朱玉麒、周珊主编：《明月天山：李白与丝绸之路国际学术研讨会论文集》，国家图书馆出版社，2019 年。

张志忠：《大同北魏墓葬胡俑的粟特人象征》，《文物世界》2005 年第 6 期。

张新月、杨铁甫、李国霞：《巩义出土的唐代题字俑》，《中原文物》2007 年第 2 期。

赵超：《唐章怀太子墓壁画＜客使图＞补考》，《考古》2020 年第 6 期。

赵丰：《魏唐织锦中的异域神祇》，《考古》1995 年第 2 期。

赵丰：《唐系翼马纬锦与何稠仿制波斯锦》，《文物》2010 年第 3 期。

赵丰：《从陵阳公样到皇甫新样：慕容智墓和热水一号大墓出土唐式纬锦比较研究》，《装饰》2022 年第 12 期。

钟少异、王援朝：《唐杨思勖墓石刻俑复原商榷：兼说唐墓壁画中的虎鞲豹韬》，载《唐研究（第 1 辑）》，北京大学出版社，1995 年。

曾丽荣：《唐代三彩粟特胡俑服饰探析：以陕西唐三彩艺术博物馆馆藏为例》，《文博》2016 年第 6 期。

朱笛：《女儿爱作男装样：唐代的男装女子》，《中国国家博物馆馆刊》2018 年第 1 期。

周繁文：《比较考古学的方法论思考》，《文物》2012 年第 4 期。

周杨：《汉唐墓葬遗存中的鼓吹乐》，《考古学报》2022 年第 3 期。

[日]原田淑人：《西域绘画所见服装的研究》，常任侠译，《美术研究》1958 年第 1 期。

[日]樋口隆康：《出土中国文物的西域遗迹》，《考古》1992 年第 12 期。

[日]石松日奈子：《中国古代石雕论：石兽、石人与石佛》，杨效俊译，《考古与文物》2010 年第 6 期。

[日]小林仁：《中国北齐随葬陶俑两大样式的形成及其意义》，李娜译，《文物世界》2012 年第 1 期。

[韩]高富子：《庆州龙江洞出土的土俑服饰考》，拜根兴、王霞译，《考古与文物》2010 年第 4 期。

[法]海瑟·噶尔美：《7—11 世纪吐蕃人的服饰》，台建群译，《敦煌研究》1994 年第 4 期。

论文集

北京大学中国考古学研究中心编：《两个世界的徘徊：中古时期丧葬观念风俗与礼仪制度学术研讨会论文集》，科学出版社，2016年。

程彤主编：《丝绸之路上的照世杯："中国与伊朗：丝绸之路上的文化交流"国际研讨会论文集》，中西书局，2016年。

邓小南主编：《唐宋妇女与社会》，上海辞书出版社，2003年。

《法国汉学》丛书编辑委员会：《粟特人在中国：历史、考古、语言的新探索》，中华书局，2005年。

范淑英主编：《陕西汉唐墓葬美术研究》，中国社会科学出版社，2016年。

吉林大学边疆考古研究中心编：《新果集：庆祝林沄先生七十华诞论文集》，科学出版社，2009年。

刘进宝主编：《丝路文明（第五辑）》，上海古籍出版社，2020年。

罗丰主编：《丝绸之路考古（第4辑）》，科学出版社，2020年。

荣新江主编：《唐代宗教信仰与社会》，上海辞书出版社，2003年。

荣新江、张志清主编：《从撒马尔干到长安：粟特人在中国的文化遗迹》，中国图书馆出版社，2004年。

荣新江、李孝聪主编：《中外关系史：新史料与新问题》，科学出版社，2004年。

荣新江、罗丰主编：《粟特人在中国：考古发现与出土文献的新印证》，科学出版社，2016年。

荣新江、朱玉麒主编：《丝绸之路新探索：考古、文献与学术史》，凤凰出版社，2019年。

荣新江主编：《丝绸之路上的中华文明》，商务印书馆，2022年。

陕西历史博物馆：《唐墓壁画研究文集》，三秦出版社，2001年。

陕西省文物局编：《陕西"十一五"期间基本建设考古重要发现》，三秦出版社，2011年。

沙武田主编：《丝绸之路研究集刊（第一辑）》，商务印书馆，2017年。

沙武田主编：《丝绸之路研究集刊（第五辑）》，商务印书馆，2020年。

沙武田主编：《丝绸之路研究集刊（第八辑）》，社会科学文献出版社，2022年。

上海博物馆编：《壁上观：细读山西古代壁画》，北京大学出版社，2017年。

上海博物馆编：《大唐宝船：黑石号沉船所见9—10世纪的航海、贸易与艺术》，上海书画出版社，2020年。

王小甫主编：《盛唐时代与东北亚政局》，上海辞书出版社，2003 年。

徐文堪编：《现代学术精品精读：西域研究卷》，上海人民出版社，2014 年。

于炳文主编：《跋涉集：北京大学历史系考古专业七五届毕业生论文集》，北京图书馆出版社，1998 年。

叶奕良主编：《伊朗学在中国论文集（第三辑）》，北京大学出版社，2003 年。

颜娟英、石守谦主编：《艺术史中的汉晋与唐宋之变》，北京大学出版社，2016 年。

余太山、李锦绣主编：《欧亚译丛（第四辑）》，商务印书馆，2018 年。

张庆捷、李书吉、李钢主编：《4—6 世纪的北中国与欧亚大陆》，科学出版社，2006 年。

周伟洲主编：《西北民族论丛（第二十辑）》，社会科学文献出版社，2020 年。

中国魏晋南北朝史学会等：《北朝研究（第十辑）》，科学出版社，2019 年。

中国社会科学院敦煌学研究中心等编：《交流与融合：隋唐河西文化与丝路文明学术研讨会论文集》，中西书局，2020 年。

中国社会科学院考古研究所等主编：《热水考古四十年》，科学出版社，2021 年。

[美] 巫鸿主编：《汉唐之间的宗教艺术与考古》，文物出版社，2000 年。

[美] 巫鸿主编：《汉唐之间文化艺术的互动与交融》，文物出版社，2001 年。

[美] 巫鸿主编：《汉唐之间的视觉文化与物质文化》，文物出版社，2003 年。

[美] 巫鸿、郑岩主编：《古代墓葬美术研究（第一辑）》，文物出版社，2011 年。

图录

北京艺术博物馆：《中国巩义窑》，中国华侨出版社，2011年。

曹者祉、孙秉根主编：《中国古代俑》，上海文化出版社，1996年。

陈万里编：《陶俑》，中国古典艺术出版社，1957年

成都金沙遗址博物馆等主编：《永恒之城：古罗马的辉煌》，文物出版社，2015年。

段文杰、樊锦诗主编：《中国敦煌壁画全集》，天津人民美术出版社，2006年。

敦煌研究院编：《中国石窟·安西榆林窟》，文物出版社，1997年。

敦煌研究院编：《敦煌石窟全集·交通画卷》，上海人民出版社，2001年。

敦煌研究院编：《敦煌石窟全集·民俗画卷》，上海人民出版社，2001年。

大西北遗珍编委会：《丝绸之路：大西北遗珍》，文物出版社，2010年。

大同北朝艺术研究院编：《北朝艺术研究院藏品图录·青铜器、陶瓷器、墓葬壁画》，文物出版社，2016年。

大同北朝艺术研究院编：《北朝艺术研究院藏品图录·石雕》，文物出版社，2016年。

大英博物馆、首都博物馆编：《世界文明珍宝：大英博物馆之250年藏品》，文物出版社，2006年。

冯贺军主编：《故宫收藏：你应该知道的200件古代陶俑》，紫禁城出版社，2007年。

樊英峰、王双怀：《线条艺术的遗产：唐乾陵陪葬墓石椁线刻画》，文物出版社，2013年。

故宫博物馆：《雕饰如生：故宫藏隋唐陶俑》，紫禁城出版社，2006年。

国家文物局主编：《文物精华大辞典·陶瓷卷》，上海辞书出版社、商务印书馆，1998年。

国家文物局、中国科学技术协会主编：《奇迹天工：中国古代发明创造文物展》，文物出版社，2008年。

国家文物局国家文物鉴定委员会：《文物藏品定级标准图例·兵器卷》，文物出版社，2011年。

甘肃文物局编：《甘肃文物菁华》，文物出版社，2006年。

甘肃省文物考古研究所编：《王国的背影：吐谷浑慕容智墓出土文物》，文物出版社，2022年。

韩保全编：《唐金乡县主墓出土陶俑》，陕西旅游出版社，1997年。

湖北省博物馆：《湖北出土文物精粹》，文物出版社，2006年。

湖北省博物馆编：《文明之海：从古埃及到拜占庭的地中海文明》，文物出版社，

2016 年。

河北省文物研究所编：《河北古代墓葬壁画》，文物出版社，2000 年。

河南博物院编：《谁调清管度新声：丝绸之路音乐文物》，文物出版社，2017 年。

河南博物院编：《盛世荣华：隋唐时期》，科学出版社，2018 年。

李安利主编：《陕西省文物集成·唐三彩卷》，陕西人民教育出版社，1998 年。

李域铮编：《陕西古代石刻艺术》，三秦出版社，1995 年。

李淞编：《隋唐人物雕刻艺术》，湖南美术出版社，2002 年。

李国珍：《大唐壁画》，陕西旅游出版社，1996 年。

林树中主编：《海外藏中国历代雕塑》，江西美术出版社，2006 年。

吕章申：《中国国家博物馆百年收藏集粹》，安徽美术出版社，2014 年。

洛阳文物管理局：《洛阳陶俑》，北京图书馆出版社，2005 年。

辽宁省文物考古研究所：《辽宁省文物考古研究所藏文物精华》，科学出版社，2012 年。

龙门文物保管所、北京大学考古系编：《龙门石窟（第二卷）》，文物出版社，1992 年。

齐东方、申秦雁主编：《花舞大唐春：何家村遗宝精粹》，文物出版社，2003 年。

乾陵博物馆：《丝路胡人外来风：唐代胡俑展》，文物出版社，2008 年。

祁小山、王博编：《丝绸之路·新疆古代文化》，新疆人民出版社，2008 年。

清华大学艺术博物馆编：《器服物佩好无疆：东西文明交汇的阿富汗国家宝藏》，上海书画出版社，2019 年。

山西省博物馆：《太原圹坡张肃俗墓文物图录》，中国古典艺术出版社，1958 年。

陕西省文物管理委员会：《陕西省出土唐俑选集》，文物出版社，1958 年。

陕西文物管理委员会：《陕西唐三彩俑》，文物出版社，1964 年。

陕西省考古研究所：《陕西新出土唐墓壁画》，重庆出版社，1998 年。

四川博物院、成都文物考古研究所、四川大学博物馆：《四川出土南朝佛教造像》，中华书局，2013 年。

苏芳淑主编、霍巍撰：《金曜风华·赤猊青骢：梦蝶轩藏中国古代金饰·Ⅱ》，香港中文大学出版社，2013 年。

上海博物馆编：《欧亚衢地：贵霜王朝的信仰与艺术》，上海书画出版社，2017 年。

石小龙等编：《广泽清流：匈奴故都统万城文物辑录》，文物出版社，2019 年。

太原市文物考古研究所：《北齐徐显秀墓》，文物出版社，2005 年。

新疆维吾尔自治区编：《新疆出土文物》，文物出版社，1975 年。

新疆维吾尔自治区文物管理委员会等编：《中国石窟·克孜尔石窟》，文物出版社，1997 年。

新疆维吾尔自治区博物馆：《古代西域服饰撷萃》，文物出版社，2010 年。

新疆维吾尔自治区文物局等编：《天山古道东西风：新疆丝绸之路文物特辑》，中国社会科学出版社，2002 年。

徐光冀主编：《中国出土壁画全集》（10 卷），科学出版社，2012 年。

西安市文物考古研究院编：《西安文物精华·陶俑》，世界图书出版公司，2014 年。

西安音乐学院编：《唯寄歌舞寓长安：陕西古代音乐文物展》，三秦出版社，2018 年。

云冈石窟研究院编：《云冈石窟》，文物出版社，2008 年。

吴中博物馆编：《长安：考古所见唐代生活与艺术》，上海古籍出版社，2022 年。

张鸿修：《中国唐墓壁画集》，岭南美术出版社，1995 年。

张景明：《中国北方草原古代金银器》，文物出版社，2005 年。

郑州市文物考古研究所：《中国古代镇墓神物》，文物出版社，2004 年。

郑州市文物考古研究所：《河南唐三彩与唐青花》，科学出版社，2006 年。

周天游、申秦雁主编：《懿德太子墓壁画》，文物出版社，2002 年。

周天游、张铭洽主编：《章怀太子墓壁画》，文物出版社，2002 年。

昭陵博物馆：《昭陵唐墓壁画》，文物出版社，2006 年。

赵学锋主编：《北朝墓群皇陵陶俑》，重庆出版社，2004 年。

赵丰、齐东方主编：《锦上胡风：丝绸之路纺织品上的西方影响（4—8 世纪）》，上海古籍出版社，2011 年。

赵丰主编：《丝路之绸：起源、传播与交流》，浙江大学出版社，2015 年。

赵丰主编：《西海长云：6—8 世纪的丝绸之路青海道》，浙江大学出版社，2023 年。

中国陶瓷全集编辑委员会：《中国陶瓷全集·秦汉》，上海人民美术出版社，2000 年。

中国陶瓷全集编辑委员会编：《中国陶瓷全集·唐五代》，上海人民美术出版社，2000 年。

中华世纪坛世界艺术馆编：《伟大的世界文明·印度文明》，文物出版社，2006 年。

中国国家文物局、意大利文化遗产与艺术活动部编：《秦汉—罗马文明展》，文物出版社，2009 年。

昭陵博物馆等编：《古壁丹青：昭陵唐墓壁画集》，文物出版社，2023 年。

[日] 曾布川宽、冈田健编：《世界美术大全集·三国南北朝卷（东洋编 3）》，小学馆，2000 年。

[日] 百桥明穗、中野彻编：《世界美术大全集·隋唐卷（东洋编 4）》，小学馆，1997 年。

[日] 小川裕充、弓场纪和编：《世界美术大全集·五代北宋辽西夏卷（东洋编 5）》，小学馆，1998 年。

[日] 田边胜美、前田耕作编：《世界美术大全集·中亚卷（东洋编 15）》，小学馆，1999 年。

[日] 田边胜美、松岛英子编：《世界美术大全集·西亚卷（东洋编 16）》小学馆，2000 年。